Psicologia Hospitalar

Teoria e Prática
2ª edição revista e ampliada

Dados Internacionais de Catalogação na Publicação (CIP)
(Câmara Brasileira do Livro, SP, Brasil)

Trucharte, Fernanda Alves Rodrigues
  Psicologia hospitalar : teoria e prática / Fernanda Alves
Rodrigues Trucharte, Rosa Berger Knijnik, Ricardo Werner
Sebastiani ; Valdemar Augusto Angerami (organizador). - 2. ed.
revista e ampliada - São Paulo : Cengage Learning, 2023.

  10. reimpr. da 2. ed. de 2010.
  Bibliografia.
  ISBN 978-85-221-0794-0

  1. Doentes - Psicologia 2. Hospitais - Aspectos psicológi-
cos 3. Pacientes hospitalizados - Psicologia I. Knijnik, Rosa
Berger. II. Sebastiani, Ricardo Werner. III. Angerami, Valdemar
Augusto. IV. Título.

09-09842   CDD-362.11019

Índice para catálogo sistemático:

1. Hospitais : Psicologia   362.11019

Psicologia Hospitalar

Teoria e Prática
2ª edição revista e ampliada

Valdemar Augusto Angerami

(organizador)

Fernanda Alves Rodrigues Trucharte

Rosa Berger Knijnik

Ricardo Werner Sebastiani

CENGAGE

Austrália • Brasil • México • Cingapura • Reino Unido • Estados Unidos

**Psicologia Hospitalar – Teoria e Prática –
2ª edição revista e ampliada**

**Valdemar Augusto Angerami (org.)
Fernanda Alves Rodrigues Trucharte
Rosa Berger Knijnik
Ricardo Werner Sebastiani**

Gerente Editorial: Patricia La Rosa

Editoras de Desenvolvimento: Ligia Cosmo Cantarelli
Gisele Gonçalves Bueno Quirino de Souza

Supervisora de Produção Editorial: Fabiana Alencar Albuquerque

Produtora Editorial: Monalisa Neves

Copidesque: Adriane Peçanha

Revisão: Alexandra Costa
Fernanda Batista dos Santos

Diagramação: Ponto & Linha

Capa: Eduardo Bertolini

© 2010 Cengage Learning Edições Ltda.

Todos os direitos reservados. Nenhuma parte deste livro poderá ser reproduzida, sejam quais forem os meios empregados, sem a permissão, por escrito, da Editora. Aos infratores aplicam-se as sanções previstas nos artigos 102, 104, 106 e 107 da Lei nº 9.610, de 19 de fevereiro de 1998.

Esta editora empenhou-se em contatar os responsáveis pelos direitos autorais de todas as imagens e de outros materiais utilizados neste livro. Se porventura for constatada a omissão involuntária na identificação de algum deles, dispomo-nos a efetuar, futuramente, os possíveis acertos.

A Editora não se responsabiliza pelo funcionamento dos sites contidos neste livro que possam estar suspensos.

Para informações sobre nossos produtos, entre em contato pelo telefone
+55 11 3665-9900.

Para permissão de uso de material desta obra, envie seu pedido para
direitosautorais@cengage.com.

ISBN-13: 978-85-221-0794-0
ISBN-10: 85-221-0794-7

Cengage
WeWork
Rua Cerro Corá, 2175 – Alto da Lapa
São Paulo – SP – CEP 05061-450
Tel.: (11) +55 11 3665-9900

Para suas soluções de curso e aprendizado, visite **www.cengage.com.br**.

Impresso no Brasil
Printed in Brazil
10. reimpr. – 2023

Os Autores

Valdemar Augusto Angerami
Psicoterapeuta existencial, professor de pós-graduação em Psicologia da Saúde na PUC-SP, ex-professor de psicoterapia fenomenológico-existencial na PUC-MG, coordenador do Centro de Psicoterapia Existencial e professor de psicologia da saúde da Universidade Federal do Rio Grande do Norte (UFRN). Autor com o maior número de livros sobre Psicologia publicados no Brasil. Suas obras também são adotadas em universidades de Portugal, México e Canadá.

Fernanda Alves Rodrigues Trucharte
Psicóloga Clínica. Especialização em Psicologia Hospitalar pelo Instituto Sedes Sapientiae.

Rosa Berger Knijnik
Psicóloga Clínica. Psicopedagoga. Especialização em Psicologia Hospitalar pelo Instituto Sedes Sapientiae.

Ricardo Werner Sebastiani
Ex-coordenador do Serviço de Psicologia Hospitalar do Hospital e Maternidade Pan-americano. Coordenador do Nêmeton – Centro de Estudos e Pesquisas em Psicologia e Saúde. Professor universitário.

Caminho...
os corredores são sombrios, frios...
sem vida, sem cor, sem calor...
os corredores são longos, estreitados com a dor...
são longos mas não o suficiente para acolher a todos os pacientes...
os gemidos são ensurdecedores, amedrontadores como o silvo da serpente...
são gemidos de desespero, de dor, de sofrimento. É o uivo dos umbrais...
Lá de fora ecoam sirenes de ambulâncias, de viaturas policiais...
sirenes de desespero, sirenes de esperança, sirenes apressadas, angustiadas.
Lá de fora brotam cores de harmonia, de luz, de amor...
cores trazidas pela esperança nesse momento de dor.
A saúde também agoniza junto com o paciente, exaurida...
as necessidades do paciente não podem ser supridas...
faltam condições mínimas de atendimento, de unguento...
faltam médicos, profissionais burocráticos, enfermeiros...
falta tudo; e na falta de todos padece o doente.
A doença no Brasil é vexatória...
a doença torna-se constrangedora, predatória...
a doença faz do paciente uma vítima; vítima da falta de condições do sistema de saúde.
Observo...
vejo a saúde padecendo juntamente com um amontoado enorme de doentes...
assisto à saúde enraizando-se como um privilégio de poucos...
vejo a luz da esperança carreada apenas pelas cores da utopia...
a saúde não existe... existe apenas uma maneira paliativa de assistência para alguns
poucos doentes em seu desatino...
O lixo hospitalar mistura-se aos escombros da dignidade humana...
Saúde é dejeto que não pode ser reciclável.
Saúde é bem precioso apenas nas empresas hospitalares.
Quando proporcionam lucros. Grandes lucros...
A mercantilização da saúde exclui aqueles que já foram anteriormente excluídos.
Exclui aqueles que já perderam a dignidade por um nada no mundo.
Lamento...
observo o ritual lento e aterrorizante de todos os envolvidos na saúde... um ritual macabro
feito de desalento e que piora a cada momento...
E observo a tentativa tênue de transformação dessa realidade
por um punhado de idealizadores...
Espectadores dessa vergonha intitulada sistema de saúde...
vergonha nacional tida como prioritária em qualquer planejamento social...
A realidade, a triste realidade, é o escarro da podridão social na dor do doente.
A vergonhosa situação dessa realidade é a constatação odienta de que não existe nenhum
sistema de saúde no Brasil...

"Acordes de um Réquiem"
VALDEMAR AUGUSTO ANGERAMI

Para Mathilde Neder
Paixão, sonho e esperança...
nas alamedas da vida,
vida regato límpido da
Psicologia Hospitalar

Para Karlinha,
Uma nova guerreira das lides hospitalares
a preservar a luta pela dignidade do
paciente...

Sumário

Apresentação XI

1 O Psicólogo no Hospital 1
Valdemar Augusto Angerami

Introdução 1
A Despersonalização do Paciente 2
Psicoterapia e Psicologia Hospitalar 4
O *Setting* Terapêutico 5
A Realidade Institucional 7
A Psicologia Hospitalar – Objetivos e Parâmetros 10
Considerações Finais 14

2 De Como o Saber Também é Amor 15
Valdemar Augusto Angerami

Introdução 15
Doces Reminiscências 16
Outros Tempos 18

3 Atendimento Psicológico no Centro de Terapia Intensiva 21
Ricardo Werner Sebastiani

Introdução 21
Desmistificando o CTI 21
Objetivos Gerais do Acompanhamento Psicológico no CTI 24
Fatores Pessoais Decorrentes da Intervenção Cirúrgica como Possíveis
Geradores de Complicações na Evolução do Pós-Operatório 27

Psicologia Hospitalar

Atendimento ao Paciente em Pós-Operatório Imediato 28
Reação à Cirurgia: Letargia e Apatia 30
Agressividade nos Pacientes Cirúrgicos 32
Depressões no Paciente Pós-Cirúrgico 34
Depressões no Hospital Geral 36
Reações de Perda no Paciente Pós-Cirúrgico 39
Atendimento Psicológico ao Paciente Não Cirúrgico 41
Fatores Ambientais como Causadores ou Agravantes do Quadro
   Psico-Orgânico do Paciente 42
Fatores Orgânicos como Reflexos Decorrentes do Período de Internação . 42
O Paciente Ansioso 44
O Paciente Agressivo 47
O Paciente com Agressividade Latente 48
Pacientes Suicidas no CTI 50
O Paciente com Alterações do Pensamento e Senso-Percepção:
   Considerações Gerais 53
Distúrbios Psicopatológicos e de Comportamento no CTI 55
O Paciente em Coma no CTI 60
Referências Bibliográficas 63
Roteiro Complementar de Estudos 64

4 Estudos Psicológicos do Puerpério. **65**
   Fernanda Alves Rodrigues Trucharte e Rosa Berger Knijnik
   Introdução 65
   Objetivos 66
   Metodologia 66
   Fundamentação Teórica 66
   Casos Ilustrativos 72
   Conclusão 89
   Referências Bibliográficas 90

5 Pacientes Terminais: Um Breve Esboço **91**
   Valdemar Augusto Angerami
   Introdução 91
   A Problemática Social do Paciente Terminal 92
   Alguns Dados Relacionados com a Vivência do Paciente Terminal 99
   Referências Bibliográficas 106

Apresentação

Dez anos nos separam da nossa primeira publicação em forma de livro. Dez anos da primeira publicação de *Psicologia Hospitalar*. As cãs dos nossos cabelos estão a mostrar que, apesar de todas as dificuldades encontradas ao longo dessa jornada, muito foi conquistado, muito foi alcançado.

A Psicologia Hospitalar nesse período deixou de ser um sonho, uma aventura de um punhado de pessoas que acreditavam em uma performance profissional, ao mesmo tempo em que sonhavam com outra concretitude, algo muito além do próprio sonho. Talvez ainda sejamos sonhadores. Mas em número muito maior.

Os sonhos de então tornaram-se realidade ou simples abstrações que o indelével não consegue tocar. Sempre é prazeroso saber que fazemos parte dos processos de transformação social e o simples fato de estarmos em busca de um novo amanhã na Psicologia Hospitalar é alento de novas buscas e esforços.

É praticamente impossível arrolar o número de quilômetros percorridos na divulgação da Psicologia Hospitalar. Um sem-número de horas de espera em saguões de aeroportos, em antessalas de conferência e em noites e pernoites distantes do próprio canto. Quantos amigos fizemos ao longo desses percursos é outra questão que jamais poderemos detalhar. Quanto aprendemos com todos esses amigos é nuance que nunca poderemos atingir. E até mesmo o enriquecimento da nossa própria vida a partir dessas experiências é privilégio que nem todas as elegias e cânticos de agradecimentos poderão retribuir. Tantos acontecimentos tão significativos ficaram na memória que a simples ideia de tentar descrevê-los é tarefa inconcebível. Uma década é uma vida. Vida vivida em intenso frenesi de emoção e paixão. De tantas coisas faladas, efetuadas e apreendidas no farfalhar das nossas trajetórias.

Assumir que o verdadeiro aprendizado foi aquele realizado com o paciente em seu leito hospitalar é talvez a nossa maior conquista. Não estamos desprezando o aprendizado acadêmico, tampouco as tantas horas de reflexão e leitura, apenas queremos enfatizar que se existe algo para ser propagado, é o fato de que aprendemos apreendendo a angústia, a dor e tantas outras coisas e sentimentos de nosso paciente. Esse paciente que nos ensina sobre a força de enfrentamento da dor e do desespero da morte; que nos ensina a tolerar as próprias vicissitudes da vida; que nos ensina uma nova forma de entender o significado da existência; que nos ensina sobre a suavidade da doce fragrância existente em cada momento, em cada encontro.

Não houve em momento algum a pretensão de sermos pioneiros, precursores; apenas sempre fomos sonhadores que idealizaram uma prática alternativa. E assim esperamos continuar. Aprendendo e crescendo sem nunca esquecer as nossas reais limitações.

Valdemar Augusto Angerami

O Psicólogo no Hospital

1

Valdemar Augusto Angerami

Introdução

A intenção deste trabalho é levantar alguns pontos de reflexão sobre o significado da Psicologia no Hospital e a atuação do psicólogo nesse contexto. A evidência que me ocorre inicialmente é que, apesar dos inúmeros trabalhos e artigos que hoje norteiam a prática do psicólogo no hospital, ainda assim é notório o fato de que apenas tartamudeamos as primeiras palavras nesse contexto. A própria dinâmica da existência parece encontrar no contexto hospitalar um novo parâmetro de sua ocorrência, dando-lhe uma dimensão na qual questões que envolvem a doença, a morte e a própria perspectiva existencial apresentam um enfeixamento inerentemente peculiar.

A Psicologia, ao ser inserida no hospital, reviu seus próprios postulados adquirindo conceitos e questionamentos que fizeram dela um novo escoramento na busca da compreensão da existência humana. Assim, por exemplo, não mais é possível pensar-se em um curso de graduação em psicologia no qual questões como morte, saúde pública, hospitalização e outras temáticas, que em princípio eram pertinentes apenas à Psicologia Hospitalar, não tenham prioridade ou não sejam exigidas como necessárias para a formação do psicólogo. O atual quadro da formação do psicólogo difere do que colocamos em texto anterior[1] de 1984, quando afirmamos que *a atuação do psicólogo no contexto hospitalar, ao menos no Brasil, é uma das temáticas mais revestidas de polêmicas quando se evocam discussões sobre o papel da Psicologia*

---

1 - Angerami, V.A. *Psicologia Hospitalar. A Atuação do Psicólogo no Contexto Hospitalar.* São Paulo: Traço, 1984.

na realidade institucional. A formação acadêmica do psicólogo é falha em relação aos subsídios teóricos que possam embasá-lo na prática institucional. Essa formação acadêmica, sedimentada em outros modelos de atuação, não provê o instrumental teórico necessário para uma atuação nessa realidade. E praticamente prevendo uma mudança nesse quadro, o mesmo texto coloca que apenas recentemente a prática institucional mereceu preocupação dos responsáveis pelos programas acadêmicos em Psicologia.[2] É dentro dessa perspectiva que se abre ao psicólogo no contexto hospitalar que iremos tecer nossas reflexões na busca de um melhor dimensionamento dessa prática. É na fé inquebrantável que o psicólogo adquire cada vez com mais nitidez um espaço no hospital a partir de sua compreensão da condição humana. Iremos caminhar por trilhas e caminhos que nos conduzirão a novos horizontes profissionais.

A Despersonalização do Paciente

Ao ser hospitalizado, o paciente sofre um processo de total despersonalização. Deixa de ter o seu próprio nome e passa a ser um número de leito ou então alguém portador de uma determinada patologia. O estigma de doente – paciente até mesmo no sentido de sua própria passividade perante os novos fatos e perspectivas existenciais – irá fazer com que exista a necessidade premente de uma total reformulação até mesmo de seus valores e conceitos de homem, mundo e relação interpessoal em suas formas conhecidas. Deixa de ter significado próprio para significar a partir de diagnósticos realizados sobre sua patologia. Berscheid e Walster[3] destacam que *fundamentalmente quando dizemos que sabemos qual a atitude de uma pessoa, queremos dizer que temos alguns dados, a partir do comportamento passado da pessoa, que nos permitem predizer seu comportamento em determinadas situações.*[4] Tal afirmação, utilizada para embasar muitos princípios teóricos em psicologia, perde sua força e autenticidade ao ser confrontada com o comportamento de uma determinada pessoa em uma situação de hospitalização. Embora sem querer negar que o passado de uma determinada pessoa irá influir não apenas em sua conduta como até mesmo em sua recuperação física, ainda assim não cometemos erro ao afirmar que a situação de hospitalização será algo único como vivência, não havendo a possibilidade de previsão anterior à sua própria ocorrência. Goffman[5] coloca que o estigma é um sinal, um signo utilizado pela sociedade para discriminar os indivíduos portadores de determinadas

---

2 - Berscheid, E.; Walster, E.H. *Atração Interpessoal.* São Paulo: Blücher, 1973.
3 - *Ibid. Op. cit.*
4 - *Idem, Op. cit..*
5 - Goffman, E. *Estigma.* Rio de Janeiro: Zahar, 1978.

características. E o simples fato de se tornar "hospitalizada" faz com que a pessoa adquira os signos que irão enquadrá-la numa nova performance existencial, sendo que até mesmo seus vínculos interpessoais passarão a existir a partir desse novo signo. Seu espaço vital não é mais algo que dependa de seu processo de escolha. Seus hábitos anteriores terão de se transformar diante da realidade da hospitalização e da doença. Se essa doença for algo que a envolva apenas temporariamente, haverá a possibilidade de uma nova reestruturação existencial quando do restabelecimento orgânico, fato que, ao contrário das doenças crônicas, implica necessariamente uma total reestruturação vital. Sebastiani[6] explica que "a pessoa deixa de ser o José ou Ana etc. e passa a ser o '21A' ou o 'politraumatizado de leito 4', ou ainda 'a fratura de bacia de 6º andar'".[7] E, tentando aprofundar ainda mais tais colocações, afirma que "essa característica, que felizmente notamos em grande parte das rotinas hospitalares, tem contribuído muito para ausentar a pessoa de seu processo de tratamento, exacerbando o papel de 'paciente'".[8]

A despersonalização do paciente deriva ainda da fragmentação ocorrida a partir dos diagnósticos cada vez mais específicos que, além de não abordarem a pessoa em sua amplitude existencial, fazem com que apenas um determinado sintoma exista naquela vida. Apesar disso, assistimos cada vez mais ao surgimento de novas especialidades que reduzem o espaço vital de uma determinada pessoa a um mero determinismo das implicações de certos diagnósticos, que trazem em seu bojo signos, estigmas e preconceitos. Tal carga de abordagem e confrontos teórico-práticos faz da pessoa portadora de determinadas patologias alguém que, além da própria patologia, necessitará de cuidados complementares para livrar-se de tais estigmas e signos. A especialização clínica, na maioria das vezes, ao aprofundar e segmentar o diagnóstico, deixa de levar em conta até mesmo as implicações dessa patologia em outros órgãos e membros desse doente, que, embora possam não apresentar sinais evidentes de deterioração e comprometimento orgânico, estarão sujeitos a um sem-número de alterações.

A situação de hospitalização passa a ser determinante de muitas situações que serão consideradas invasivas e abusivas na medida em que não se respeitam os limites e imposições dessa pessoa hospitalizada. E, embora esteja vivendo um total processo de despersonalização, ainda assim algumas práticas são consideradas ainda mais agressivas pela maneira como são conduzidas no âmbito hospitalar. Assim, será visto como invasivo o fato de a

---

6 - Sebastiani, W.R. Atendimento Psicológico e Ortopedia. *Psicologia Hospitalar. A Atuação do Psicólogo no Contexto Hospitalar,* Angerami, V.A. (org.). São Paulo: Traço, 1984.

7 - *Ibid. Op. cit.*

8 - *Ibid. Op. cit.*

enfermeira acordar o paciente para aplicar injeção, ou a atendente que interrompe uma determinada atividade para servir-lhe as refeições. Tudo passa a ser invasivo. Tudo passa a ser algo abusivo diante de sua necessidade de aceitação desse processo. E até mesmo a presença do psicólogo, que, se não se efetivar cercada de alguns cuidados e respeito à própria deliberação do doente, implica ser mais um dos estímulos aversivos e invasivos existentes no contexto hospitalar, e, em vez de propiciar alívio ao momento da hospitalização, estará contribuindo também para o aumento de vetores que tornam o processo de hospitalização extremamente penoso e difícil de ser vivido. O hospital, o processo de hospitalização e o tratamento inerente que visa ao restabelecimento, salvo aqueles casos de doenças crônicas e degenerativas, não fazem parte dos projetos existenciais da maioria das pessoas. Nesse sentido, toda e qualquer invasão no espaço vital é algo aversivo que, além do caráter abusivo, apresenta ainda componentes de dor e desalento. E até mesmo evidencia que muitos processos de hospitalização têm o reequilíbrio orgânico prejudicado por causa do processo de despersonalização do doente, que, ao sentir sua desqualificação existencial, pode concomitantemente, muitas vezes, abandonar seu processo interior de cura orgânica e até mesmo emocional. Ao trabalhar no sentido de estancar os processos de despersonalização no âmbito hospitalar, o psicólogo estará ajudando na humanização do hospital, pois seguramente esse processo é um dos maiores aniquiladores da dignidade existencial da pessoa hospitalizada. Um trabalho de reflexão que envolva toda a equipe de saúde é uma das necessidades mais prementes para fazer com que o hospital perca seu caráter meramente curativo para transformar-se em uma instituição que trabalhe não apenas com a reabilitação orgânica, mas também com o restabelecimento da dignidade humana.

Psicoterapia e Psicologia Hospitalar

A Psicologia Hospitalar, assim como a Psicoterapia, tem seu instrumental teórico de atuação calcado na área clínica.[9] Apesar dessa convergência, haverá pontos de divergência que mostram os limites de atuação do psicólogo no contexto hospitalar, bem como questões que tornam totalmente inadequada a intenção de muitos profissionais da área de tentarem

---

9 - Existem muitos profissionais da área que defendem que a Psicologia Hospitalar, mesmo tendo como referencial os princípios da área clínica, seja considerada uma nova ramificação da Psicologia. Assim, além da clássica divisão em Clínica, Educacional e Organizacional, haveria também uma quarta ramificação: a Psicologia Hospitalar. E embora seja uma questão que envolva bastante celeuma quando de seu aprofundamento, evidencia-se também a necessidade de uma nova ótica sobre a Psicologia Hospitalar, seja pelo seu crescimento, seja ainda pela sua diversidade teórica.

definir a atuação no contexto hospitalar como sendo prática psicoterápica, ainda que realizada no contexto institucional. A seguir descrevemos alguns desses pontos.

Objetivos da Psicoterapia

A Psicoterapia, independentemente de sua orientação teórica, tem como principais objetivos levar o paciente ao *autoconhecimento, ao autocrescimento e à cura de determinados sintomas*. O enfeixamento desses objetivos, ou ainda de algum deles isoladamente, desde que leve esse paciente a um processo pleno de libertação existencial, é, por assim dizer, o ideal que norteia o processo psicoterápico. A Psicoterapia, ademais, tem como característica principal o fato de ser um processo no qual a procura e a determinação de seu início se dá pela mobilização do paciente. Assim, um paciente, ao ser encaminhado para um processo psicoterápico, muitas vezes demora um período bastante longo entre esse encaminhamento e a procura propriamente dita desse processo. Chessick[10] adverte que a psicoterapia falha quando não existe uma afinidade precisa entre aquilo que busca o paciente em sua psicoterapia e aquilo que o psicoterapeuta tem condições de oferecer-lhe. Até mesmo a falta de definições precisas dos objetivos do processo poderá determinar implicações que seguramente emperrarão o processo, além de arrastá-lo ao longo de um período de maneira indevida.

Ao decidir pela psicoterapia, o paciente já realizou um processo inicial e introspectivo da necessidade desse tratamento e suas implicações em sua vida. Isso tudo evidentemente além da inserção de suas necessidades aos objetivos da psicoterapia.

O *Setting* Terapêutico

Ao procurar pela psicoterapia, o paciente será então enquadrado no chamado *setting* terapêutico. Assim as normas e diretrizes do processo serão colocadas de maneiras bastante claras e precisas pelo psicoterapeuta, formalizando-se assim as nuances sobre as quais se norteará esse processo. Detalhes como horário de duração de cada sessão, eventuais reposições de sessões, prazo de aviso para eventuais faltas etc. são esboçados e o processo se desenvolve então em perfeita consonância com esses preceitos. E até mesmo alguma eventual resistência inicial do paciente em procurar pela psicoterapia, bem como outras implicações, serão resolvidas em um processo cujo contrato é estabelecido em acordo com as duas partes envolvidas. Embora seja notório o número de casos encaminhados à psicoterapia que,

---

10 - Chessick, D.R. *Why Psychotherapists Fail.* Nova York: Science House, 1971.

por alguma forma de resistência, demoram muito para procurar por tal processo, ainda assim é conveniente estabelecer que, pelo fato de o paciente estar totalmente fragilizado e necessitando desse tipo de tratamento, a busca por tal processo se dará única e tão somente quando esse paciente romper com determinadas amarras emocionais. Ainda que surjam outras dificuldades e resistências ao longo do processo, a resistência inicial ao tratamento é transposta pelo simples fato de o paciente procurar pela psicoterapia.

A psicoterapia ainda tem outra característica bastante peculiar de ser um processo em que o psicoterapeuta tem no paciente alguém que caminha sob sua responsabilidade, mas que de forma simples tem nesse vínculo seu objetivo em si. Assim, um psicoterapeuta não precisará prestar conta de seu paciente a nenhuma entidade, salvo naturalmente aqueles casos nos quais o atendimento é vinculado a algum processo de supervisão. O processo em si é conduzido pelo psicoterapeuta com anuência do paciente e, no caso de algum impedimento, a relação se resolve apenas e tão somente pelas partes envolvidas nesse processo. O *setting* terapêutico impõe ainda uma privacidade ao relacionamento que torna toda e qualquer interferência externa ao processo plausível de ser analisada e enquadrada nos parâmetros desse relacionamento.

Chessick[11] salienta que o psicoterapeuta descende diretamente do confessor religioso ou então do médico de família, aquele profissional que, além de cuidar dos males do organismo, escutava as angústias e dificuldades do paciente. O psicoterapeuta em sua linhagem apresenta também resquícios do curandeiro das antigas formações tribais, encarregado de trazer bem-estar e alívio aos membros dessa comunidade. A proteção sentida pelo paciente nos limites do *setting* terapêutico mostra ainda que essa origem não é apenas perpetuada, mas apresenta requinte de evolução no resguardo dos aspectos envolvidos nesse processo. E até mesmo um "quê" de samaritanismo presente no processo psicoterápico é também resíduo dessas marcas que o psicoterapeuta traz de sua origem e desenvolvimento. A emoção presente na atividade psicoterápica é outro fator que faz com que nenhuma outra forma de relacionamento possa ser comparada com sua performance. E nesse sentido temos também a colocação de muitos especialistas de que a psicoterapia é o sustentáculo do homem contemporâneo dentre outras tantas formas buscadas para alívio e crescimento emocional.

Ainda no chamado *setting* terapêutico vamos encontrar a peculiaridade de que a maioria dos processos jamais tem suas sessões interrompidas, seja por solicitações externas, seja

---

11 - *Ibid. Op. cit.*

O Psicólogo no Hospital

ainda por outras variáveis decorrentes, muitas vezes, do próprio processo em si. Assim, é praticamente impossível, por exemplo, que um psicoterapeuta interrompa uma sessão estancando o choro de angústia do paciente para simplesmente atender uma ligação telefônica. Ou ainda que uma sessão seja igualmente interrompida para que o psicoterapeuta possa recepcionar algum amigo que eventualmente vá visitá-lo. O *setting* terapêutico assim resguarda a sessão para que todo o material catalisado naqueles momentos seja apreendido e elaborado de maneira plena e absoluta. Tais características fazem, inclusive, com que seja muito difícil avaliar-se um processo psicoterápico que não seja fundamentado nesses moldes.

A Realidade Institucional

Uma das primeiras dificuldades surgidas quando se pensa na atividade do psicólogo na realidade hospitalar é sua inserção na realidade institucional. Já afirmamos que:[12]

a formação do psicólogo é falha em relação aos subsídios teóricos que possam embasá-lo na prática institucional. Essa formação acadêmica, sedimentada em outros modelos de atuação, não o prevê com o instrumental teórico necessário para uma atuação nessa realidade. Torna-se então abismático o hiato que separa o esboço teórico de sua formação profissional e sua atuação prática. Apenas recentemente a prática institucional mereceu preocupação dos responsáveis pelos programas acadêmicos em Psicologia.

Ainda que hoje em dia seja notório o número de cursos de graduação em Psicologia que têm dedicado grande espaço para o contexto institucional em seus programas de formação, estamos distantes daquilo que seria o ideal em termos de sedimentação teórico-prática. E na medida em que o hospital surge como uma realidade institucional com características bastante peculiares, embora reproduzindo as condições de outras realidades institucionais, apresenta sinais que evidenciam tratar-se de amplitude sequer imaginável em uma análise que não tenha um real comprometimento com sua verdadeira dimensão.[13]

---

12 - *Psicologia Hospitalar. A Atuação do Psicólogo no Contexto Hospitalar. Op. cit.*
13 - Escrevemos um trabalho intitulado "Elementos Institucionais Básicos para a Implantação do Serviço de Psicologia no Hospital" (*in A Psicologia no Hospital.* São Paulo: Traço, 1988) e surpreendentemente percebemos, a partir de sua adoção em vários cursos e seminários realizados sobre realidade institucional, não apenas a precariedade de publicações a respeito como principalmente a maneira como esse trabalho tornou-se um verdadeiro paradigma a tantos que procuravam pela implantação de um Serviço de Psicologia no Hospital Geral.

Psicologia Hospitalar

Também é inegável que, a partir do surgimento das reflexões realizadas principalmente pelos profissionais da Argentina sobre a realidade institucional, esse aspecto ganhou uma corporeidade bastante precisa e importante na esfera contemporânea da Psicologia. Assim, o termo "análise institucional" deixou de ser uma mera citação abstrata de alguns textos para tornar-se realidade, ao menos de discussão teórica, para um sem-número de acadêmicos que, a partir de então, passaram a interessar-se pela temática.

> *E apesar do psicólogo ainda estar iniciando uma prática institucional nos parâmetros da eficácia e respeito às condições institucionais que delimitam sua situação nesse contexto, a busca de determinantes nessa prática o levou de encontro a convergências bastante significativas na estruturação teórica dessas atividades.*[14]

É fato que a realidade hospitalar apresenta celeumas e condições que exigirão do psicólogo algo além da discussão meramente teórico-acadêmica. Valores éticos e ideológicos surgirão ao longo do caminho e exigirão performances sequer imaginadas antes de sua ocorrência. Como ilustração dessa afirmação cito o grande número de crianças que padecem nos hospitais de São Paulo de insuficiência hepática causada por inanição. Deparar com crianças que padecem vitimadas pela fome em plena cidade de São Paulo é algo que nenhum acadêmico imagina quando idealiza efetivamente uma atividade no hospital. Ou então, que dizer dos casos de crianças atacadas por ratazanas enquanto dormem, em uma evidência da precariedade e da falta de condições mínimas de dignidades existencial e habitacional em que a falta de saneamento básico é tão abismante que conceituá-lo de absurdo nada mais é do que aproximar-se da verdadeira realidade dessa população?

> *O psicólogo, no contexto hospitalar, depara-se de forma aviltante com um dos direitos básicos que estão sendo negados à maioria da população, a saúde. A saúde, em princípio um direito de todos, passou a ser um privilégio de poucos em detrimento de muitos. A precariedade da saúde da população é, sem dúvida alguma, um agravante que irá provocar posicionamentos contraditórios, e, na quase totalidade das vezes, irá exigir do psicólogo uma revisão de seus valores acadêmicos, pessoais e até mesmo sociopolíticos.*[15]

---

14 - *Psicologia Hospitalar. A Atuação do Psicólogo no Contexto Hospitalar.* **Op.** *cit.*
15 - *Ibid. Op. cit.*

O contexto hospitalar dista de forma significativa daquela idealização feita nas lides acadêmicas. Assiste-se, nesse contexto, à condição desumana a que a população, já bastante cansada de sofrer todas as formas possíveis de injustiças sociais, tem de se submeter em busca do recebimento de um tratamento adequado. Cenas ocorrem fruto das mais lamentáveis situações a que um ser humano pode submeter-se. E o que é mais agravante: tudo passa a ser considerado normal. Os doentes são obrigados a aceitar como normais todas as formas de agressão com as quais se deparam em busca de saúde.

Tudo é visto como normal; passa a ser normal ficar seis horas em uma fila de espera em busca de atendimento médico, e muitas vezes após vários retornos à instituição hospitalar, derivados de encaminhamentos feitos pelos especialistas, por sua vez decorrentes de exames realizados especulativamente. Também passa a ser normal o fato de ser atendido um número imenso de pacientes em um período de tempo absurdamente curto. Tudo passa a ser normal. E os profissionais que atuam na área de saúde assistem desolados e conformados a esse estado de coisas. Tornam-se praticamente utópicas outras formas de atendimento que não essas que impiedosamente são impostas à população.

O psicólogo está inserido nesse contexto da saúde de forma tão emaranhada quanto outros profissionais atuantes na área da saúde e, muitas vezes, sem uma real consciência dessa realidade.

Contradições inúmeras sucedem em todos os níveis no contexto hospitalar. E se por um lado os hospitais apresentam essas enormes filas de pacientes que, padecendo em corredores, minguam por algum tipo precário de atendimento, por outro encontraremos algumas instituições nesse mesmo contexto que apresentam alta especialização resultante do enorme processo do conhecimento na área das ciências humanas.

Descobriremos, nessa realidade, profissionais altamente especializados. Sempre muito bem informados das técnicas existentes, estão constantemente aprimorando-as em cursos e congressos nos centros mais desenvolvidos da Europa e Estados Unidos. É possível, por exemplo, a utilização do método Sahling de análise do metabolismo do feto, bem como o acompanhamento eletrônico do eletrocardiograma fetal. Os avanços na área da Obstetrícia permitem ainda a previsão do sexo do feto ou uma possível malformação congênita. No entanto, em termos de realidade, temos, segundo relatórios sobre estudos realizados em várias regiões brasileiras, dados alarmantes informando que 95% dos partos são realizados em casa e sem o menor acompanhamento pré-natal. E o número de pessoas que recebem algum tipo de assistência é quase nulo. Esse contexto contraditório e incongruente recebe o psicólogo, que tem sobre si outras contradições que o envolvem diretamente desde as lides de sua formação acadêmica. *E o psicólogo percebe no contexto hospitalar que os ensinamentos e leituras teóricas de sua prática acadêmica não serão, por maiores que sejam as horas de estudo e reflexão teórica sobre a temática, suficientes para embasar sua atuação. E aprende que terá de aprender aprendendo, como os pacientes, sua dor, angústia e realidade. E o paciente, de modo peculiar, ensina ao psicólogo sobre a doença e sobre como lidar com a própria dor diante do sofrimento.*[16]

A Psicologia Hospitalar – Objetivos e Parâmetros

A Psicologia Hospitalar tem como objetivo principal *a minimização do sofrimento provocado pela hospitalização*. Se outros objetivos forem alcançados a partir da atuação do psicólogo com o paciente hospitalizado – inerente aos objetivos da própria psicoterapia antes citados –, trata-se de simples acréscimo ao processo em si. O psicólogo precisa ter muito claro que sua atuação no contexto hospitalar não é psicoterápica dentro dos moldes do chamado *setting* terapêutico. Como minimização do sofrimento provocado pela hospitalização, também é necessário abranger não apenas a hospitalização em si – em termos específicos da patologia que eventualmente tenha originado a hospitalização –, mas principalmente as sequelas e decorrências emocionais dessa hospitalização. Tomemos como exemplo, arbitrariamente, uma criança de 3 anos de idade que nunca tenha vivido longe do seio familiar. Em dado momento, simplesmente coloquemos essa criança em uma escola maternal durante apenas um período do dia. Essa criança, em que pese a escola ser um ambiente em princípio agradável e repleto de outras crianças, se desavorará e entrará em um processo de pânico e desestruturação emocional ao se perceber longe da proteção familiar. E tantos casos ocorrem nesse enquadre que a maioria das escolas possui o chamado período de adaptação, no qual algum dos representantes desse núcleo familiar se faz presente na escola para acudir essa criança nos momentos agudos de dificuldade. E isso tudo em um ambiente agradável de escola onde muitas vezes a criança irá se deparar com estimulações e recreações sequer imagináveis sem seu universo simbólico. O que dizer então de uma criança que em um determinado momento se vê hospitalizada[17] sem a presença dos familiares e em um ambiente na maioria das vezes hostil?! Certamente ela entrará em um nível de sofrimento emocional e muitas vezes até físico em decorrência dessa hospitalização. Sofrimento físico que transcende até mesmo a patologia inicial e que se origina no processo de hospitalização.

---

16 - *Ibid. Op. cit.*

17 - Embora seja alentador o fato de que hoje muitos hospitais pediátricos adotem a presença da mãe ou de algum outro familiar durante o processo de hospitalização da criança, ainda assim a grande maioria dos hospitais não apresenta sequer uma maior flexibilização até mesmo quanto ao horário de visitas.

O Psicólogo no Hospital

A minimização do sofrimento provocado pela hospitalização implicará um leque bastante amplo de opções de atuação, cujas variáveis deverão ser consideradas para que o atendimento seja coroado de êxito. Uma mulher mastectomizada, em outro exemplo, terá no processo de extirpação do tumor, na maioria das vezes, a extração dos seios com todas as implicações que tal ato incide. O processo de hospitalização deve ser entendido não apenas como um mero processo de institucionalização hospitalar, mas, e principalmente, como um conjunto de fatos que decorrem desse processo e suas implicações na vida do paciente. Não podemos, assim, em um simples determinismo, aceitar que o problema da mulher mastectomizada se inicia e se encerra com a hospitalização. Evidentemente que muitos casos abordados pelo psicólogo no hospital exigirão, após o processo de hospitalização, encaminhamentos específicos para processos de psicoterapia tal a complexidade e o emaranhado de sequelas e comprometimento emocional.

Embora muitas vezes seja bastante tênue a separação que delimita tais aspectos, ainda assim é muito importante o clareamento desse posicionamento para que o processo em si não se perca em mera e vã digressão teórica.

A Psicologia Hospitalar, por outra parte, contrariamente ao processo psicoterápico, não possui *setting* terapêutico tão definido e tão preciso. Nos casos de atendimentos realizados em enfermarias, o atendimento do psicólogo, muitas vezes, é interrompido pelo pessoal de base do hospital, seja para aplicação de injeções, prescrição medicamentosa em determinado horário, seja ainda para processo de limpeza e assepsia hospitalar. O atendimento, dessa forma, terá de ser efetuado levando-se em conta todas essas variáveis, além de outros aspectos mais delicados que citaremos a seguir.

Descrevemos no trecho inerente ao *setting* terapêutico a mobilização do paciente rumo ao processo psicoterápico: a importância de uma reflexão e de uma posterior constatação da necessidade de se submeter a esse processo. No hospital, ao contrário do paciente que procura pela Psicoterapia após romper eventuais barreiras emocionais, a pessoa hospitalizada será abordada pelo psicólogo em seu próprio leito. E, em muitos casos, esse paciente sequer tem claro qual o papel do psicólogo naquele momento de sua hospitalização e até mesmo de vida.[18]

---

18 - Nesse sentido, é muito importante que o psicólogo seja inserido na equipe de profissionais de saúde que atuem em um determinado contexto hospitalar. Tal inserção determinará que sua abordagem seja fruto de encaminhamento realizado por intermédio de outros profissionais com esse paciente com a anuência dele para que, acima de qualquer outro preceito, seu arbítrio de querer ou não essa abordagem seja respeitado. Esse é um aspecto importante a ser observado, pois determina muitas vezes até mesmo o êxito da abordagem do psicólogo. Ainda que o paciente necessite de maneira premente da intervenção psicológica, seu arbítrio deve ser considerado para que a condição humana seja respeitada em um de seus preceitos fundamentais.

Psicologia Hospitalar

Dessa forma, é muito importante que o psicólogo entenda os limites de sua atuação para não se tornar ele também mais um dos elementos abusivamente invasivos que agridem o processo de hospitalização e que permeiam largamente a instituição hospitalar. Ainda que o paciente em seu processo de hospitalização esteja muito necessitado da intervenção – e seguramente muitos dos pacientes encaminhados ao processo de psicoterapia também estão necessitados de tratamento, mas preservam a si o direito de rejeitar tal encaminhamento –, a opção do paciente de receber ou não esse tipo de intervenção deve ser soberana e deliberar a prática do psicólogo. Balizar a sua necessidade de intervir em determinado paciente, a própria necessidade desse paciente em receber tal intervenção, é delimitação imprescindível para que essa atuação caminhe dentro dos princípios que incidem no real respeito à condição humana.

De outra parte, é também muito importante observar-se o fato de que, ao atuar em uma instituição, o psicólogo, ao contrário da prática isolada de consultório, tem que ter bastante claros os limites institucionais de sua atuação. Na instituição o atendimento deverá ser norteado a partir dos princípios institucionais.[19] Esse aspecto é, por assim dizer, um dos determinantes que mais contribuem para que muitos trabalhos não sejam coroados de êxito na instituição hospitalar. Ribeiro[20] pontua que o doente internado é, em síntese, o doente sobre o qual a ciência médica exacerba o seu positivismo, e pode afirmar a transposição da linha demarcatória da normalidade. Sua patologia reconhecida e classificada precisa ser tratada. Ao contrário do paciente do consultório que mantém seu direito de opção em aceitar ou não o tratamento e desobedecer à prescrição, o doente acamado perde tudo. Sua vontade é aplacada; seus desejos, coibidos; sua intimidade, invadida; seu trabalho, proscrito; seu mundo de relações, rompido. Ele deixa de ser sujeito. É apenas um objeto da prática médico-hospitalar, suspensa sua individualidade, transformado em mais um caso a ser contabilizado.[21]

Esse aspecto inerente à institucionalização do paciente enfeixa um dimensionamento de abrangência de intervenção do psicólogo rumo à humanização do hospital em seus aspectos mais profundos e verdadeiros. A Psicologia Hospitalar não pode igualmente perder o parâmetro do significado de adoecer em nossa sociedade, eminentemente marcado

---

19 - No caso de divergência dos princípios e preceitos da instituição onde o psicólogo desenvolve sua atuação, poderá haver um trabalho de direcionamento de transformação desses princípios. A transformação da realidade institucional, muitas vezes, pode ser determinante de uma reformulação rumo à própria humanização da instituição. O que não pode ocorrer é, diante da discordância, negar-se os princípios institucionais e tentar a efetivação de um trabalho sem levar em conta tais especificidades.

20 - Ribeiro, H.P. *O Hospital: História e Crise*. São Paulo: Cortez, 1983.

21 - *Ibid. Op. cit.*

O Psicólogo no Hospital

pelo aspecto pragmático de produção mercantilista. Ou nas palavras de Pitta,[22] *o adoecer nesta sociedade é, consequentemente, deixar de produzir e, portanto, de ser; é vergonhoso; logo, deve ser ocultado e excluído, até porque dificulta que outros, familiares e amigos, também produzam. O hospital perfaz este papel, recuperando quando possível e devolvendo sempre, com ou sem culpa, o doente à sua situação anterior. Se um acidente de percurso acontece, administra o evento desmoralizador, deixando que o mito da continuidade da produção transcorra silenciosa e discretamente* A intervenção do psicólogo nesse sentido não pode prescindir de tais questionamentos com o risco de tornar-se algo desprovido da profundidade necessária para abraçar a verdadeira essência do sofrimento do paciente hospitalizado. E a própria direção contemporânea de desospitalização do paciente tem no psicólogo um de seus grandes aliados na medida em que poderá depender desse profissional uma avaliação mais precisa sobre as condições emocionais desse paciente. Não se pode, no entanto, perder o parâmetro de que a psicologia deve se aliar a outras forças transformadoras para não se incorrer em meramente ilusionistas. Ou nas palavras de Ribeiro:[23] *há, no entanto, vários fatores que favorecem a desospitalização, além daqueles apontados séculos antes. O intervencionismo e a onipotência da medicina são olhados com maiores reservas. Cada vez mais é contestada por doentes, familiares, instituições seguradoras e pelo Estado a abusiva utilização dos recursos tecnológicos hospitalares. Novos conhecimentos nas áreas da fisioterapia, propedêutica e terapêutica vêm permitindo diagnósticos e tratamentos que tornam prescindível a intervenção ou a encurtam.*

A Psicologia Hospitalar não pode se colocar dentro do hospital como força isolada solitária sem contar com outros determinantes para atingir seus preceitos básicos. A humanização do hospital necessariamente passa por transformações da instituição hospitalar como um todo e evidentemente pela própria transformação social. O psicólogo, assim, não pode ser um profissional que despreze tais variáveis com o risco de tornar-se alijado do processo de transformação social.

Ou ainda, o que é pior, ficar restrito a teorizações que isolam e atomizam o paciente de conceituações e conflitos sociais mais amplos. O hospital, assim como toda e qualquer instituição, reproduz as contradições sociais, e toda e qualquer intervenção institucional não pode prescindir de tais princípios.

O psicólogo reveste-se de um instrumental muito poderoso no processo de humanização do hospital na medida em que traz em seu bojo de atuação a condição de análise das relações interpessoais. A própria contribuição da psicologia para clarear determinadas

---

22 - Pitta, A. *Hospital, Dor e Morte como Ofício*. São Paulo: Hucitec, 1990.
23 - *O Hospital: História e Crise. Op. cit.*

Psicologia Hospitalar

manifestações de somatização é, igualmente, decisiva para fazer com que seu lugar na equipe de saúde da instituição hospitalar esteja assegurado. As somatizações cada vez mais são aceitas no bojo das intervenções médicas e a atuação do psicólogo nesse sentido é determinante de uma nova performance na própria relação médico-paciente. É notória também a evidência cada vez maior de que muitas patologias têm seu quadro clínico agravado a partir de complicações emocionais do paciente. Intervir nesse ponteamento é outra performance que faz da psicologia uma força motriz até mesmo no diagnóstico e compreensão de patologias para as quais a própria Medicina não tem explicação absoluta. Assim, não se pode negar, por exemplo, a importância das variáveis emocionais em um quadro diagnosticado de câncer ou de alguma cardiopatia. Como também é inegável a presença de determinantes emocionais quando abordadas patologias não diagnosticadas com precisão... até mesmo pela falta de sintomas específicos e variados. Podemos incluir nesse rol aqueles casos em que o paciente queixa-se ora de cefaleia, ora de náuseas, ora de comiseração estomacal etc. Ou ainda daqueles casos em que o paciente apresenta diversos sintomas concomitantes a diversas patologias sem, no entanto, apresentar tais patologias. Os exames clínicos nesses casos não conseguem fazer um diagnóstico preciso e absoluto, pois a própria alternância de sintomas do paciente é algo apenas diagnosticado quando se tenta compreender, além dos sintomas, a dor d'alma que acomete tais pacientes.

Nesse sentido, é interessante observar que o avanço da medicina, com todo o seu aparato tecnológico, não consegue prescindir do psicólogo pela sua condição de escuta das manifestações d'alma humana, imperceptíveis à própria tecnologia moderna.

Considerações Finais

Se é verdadeiro que o psicólogo conseguiu alçar voos rumo a um projeto dignificante de Psicologia Hospitalar, é igualmente real que um longo caminho ainda resta a ser trilhado. E trilhá-lo exigirá do psicólogo uma performance cada vez mais ampla no sentido de abarcar as necessidades da hospitalização e dos profissionais totalmente envolvidos nas entranhas hospitalares. A Psicologia Hospitalar é realidade que, embora ainda necessite de burilamento, aperfeiçoamento e muitas buscas, será, certamente, a mais rica das alternâncias da Psicologia. Será, ainda, a mais criativa das manifestações clínicas dentro não só da realidade hospitalar, como também das lides acadêmicas, que, ao assumirem-na, assumirão igualmente um compromisso com o próprio futuro de toda uma geração de profissionais. Psicologia Hospitalar, sonho tornado realidade a partir da necessidade de humanização do hospital.

De Como o Saber Também é Amor

2

Valdemar Augusto Angerami

Introdução

Este trabalho retrata o desenvolvimento da PsicologiaHospitalar no Brasil pela descrição do relacionamento pessoal com a psicóloga Dra. Mathilde Neder, uma das personalidades que mais contribuíram para a implantação e sistematização desse campo de atuação do psicólogo. Pelas reminiscências desse relacionamento emergem as qualidades pessoais dessa desbravadora que certamente contribuíram para que ela assumisse a liderança que exerce no campo da Psicologia da Saúde, um interesse em acolher, além da capacidade de limites de forma conciliadora e construtiva, sua longa experiência acadêmica em que inúmeros trabalhos no campo da saúde encontram orientação e, finalmente, sua modéstia, que não inibe o crescimento dos profissionais que nela se espelham. O apontamento do valor da Dra. Mathilde Neder se faz necessário porque, além de retomar a história da configuração do campo da Psicologia Hospitalar, tenta reparar o registro desigual que existe sobre sua influência, já que, ocupada com a prática clínica e acadêmica pioneira em Psicologia Hospitalar, Psicossomática e Terapia Familiar, ressentimo-nos por existir pouca produção escrita em seu nome até o momento.

Um trabalho sobre Psicologia Hospitalar e suas condições estruturais foi deixado de lado pelo afã de escrever o que seria mais interessante e muito mais inovador – escrever sobre uma das maiores mestras dessa área e fonte de imensa ternura e generosidade.

E eis-me assim, novamente, escrevendo sobre Mathilde Neder.

Mais uma vez homenageio nossa mestra com esse punhado de letras, linhas e parágrafos transformados em capítulo de livro.

Psicologia Hospitalar

Este trabalho é um soneto de amor, uma elegia da alma para decantar uma das mais brilhantes psicólogas brasileiras, seguramente uma das mais queridas em nossa realidade.

É simples, sem outra preocupação que apenas e tão somente mostrar outra Mathilde Neder aos olhos de seus admiradores, pessoa que se mostra de uma generosidade ímpar e que, no entanto, poucos têm o privilégio de conhecer e conviver. Sua trajetória profissional foi descrita em livro anterior,[1] no qual seu pioneirismo está detalhadamente narrado, configurando-se assim na verdadeira história da prática da psicologia hospitalar no Brasil.

O objetivo aqui é mostrar outra figura, distante do academicismo e da vivência hospitalar. Uma Mathilde Neder que tive o privilégio de conhecer e de conviver. E a partir de convivências como essa é que tenho certeza de que se trata de alguém muito especial, pois tal convívio só me fez crescer como pessoa em todos os sentidos da minha experiência humana. Não é minha pretensão esgotar os detalhes que possam ser atribuídos à Mathilde, tampouco colocar-me como o único que os conhecesse e que, portanto, se não estiverem aqui registrados, não existem. Trata-se apenas de uma pequena descrição, reduzida em seu espaço de escrita, e estabelecida em um tempo muito curto em razão da nossa própria dificuldade de tantos e demasiados compromissos profissionais. Enfim, um trabalho em que o amor é balizamento principal, e o afeto de seu ser é a estrutura maior de seu bojo e de seu compromisso editorial.

Doces Reminiscências

Ainda era acadêmico de psicologia, e ela notória professora na PUC-SP, quando ouvi falar de Mathilde Neder pela primeira vez. Nesse período não podia imaginar que poderia conviver com ela de modo tão estreito, partilhando momentos dos mais diferentes matizes. Ainda acadêmico, comecei a despertar meu interesse para a área hospitalar e para todos os lados para os quais me direcionava, a proeminência maior de referência teórico-prática sempre era Mathilde Neder.

Nesse momento ela era para mim apenas uma figura mitificada pelo seu desenvolvimento acadêmico e por sua performance profissional. Alguém que veneramos, mas que *acreditamos* ser distante daqueles que apenas estão começando a dar os primeiros passos em suas trajetórias profissionais. Frisa-se o termo "acreditamos", pois essa é a verdadeira definição para expressar a redoma em que muitos acreditam que Mathilde Neder se en-

---

1 - Angerami, V.A. *Tendências em Psicologia Hospitalar.* São Paulo: Cengage Learning, 2004.

De Como o Saber Também é Amor

contra. A mitificação, na maioria das vezes, ocorre em nosso imaginário e nada tem a ver com a própria realidade de nossos personagens. No caso de Mathilde Neder, é isso o que mais surpreende quando a conhecemos em sua intimidade.

Ao terminar a faculdade iniciei uma atividade com pacientes que tentavam suicídio e eram atendidos no Pronto-Socorro do Instituto Central do Hospital das Clínicas da FMUSP – Faculdade de Medicina da Universidade de São Paulo. Depois de algum tempo nessa atividade, houve uma unificação dos diversos serviços de psicologia existentes no Hospital das Clínicas, que estava sendo coordenada por Mathilde Neder. Foi aí o nosso primeiro contato.

E desde esse primeiro encontro não mais nos largamos. Aprendi a respeitá-la e admirá-la principalmente pela humildade demonstrada em seus atos e até mesmo gestos triviais.

Fui procurado por ela para ser avisado das mudanças que estavam ocorrendo naquele momento no Hospital das Clínicas. A minha primeira reação foi a de que seria sumariamente escorraçado do hospital, pois não fazia parte de seu grupo de trabalho. E com esse estado de espírito fui encontrá-la. Eu, um principiante na realidade hospitalar, embora coordenasse um trabalho que começava a despontar e ter bastante projeção em nível teórico-prático, e Mathilde Neder, a maior autoridade em Psicologia Hospitalar no Brasil, sua principal pioneira, e que nesse momento reformulava os serviços de psicologia daquela unidade hospitalar.

Surpreendentemente, quando a encontrei, sua reação foi tão afetiva e amistosa que fiquei simplesmente atônito, completamente sem reação, pois havia me preparado para um encontro beligerante, do qual certamente resultaria um grande número de perdas irreparáveis. Mas não, lá estava Mathilde Neder, com aquele sorriso amigo e que inicialmente fez questão de reverenciar o nosso trabalho, fazendo grandes elogios às atividades do grupo.

Surpreso fiquei e surpreso permaneci por longos momentos, pois de fato estava simplesmente sendo elogiado pela maior autoridade na realidade hospitalar, elogios esses que repercutiram tão prazerosamente em meu ser que não tive como não me encantar por ela.

Falamos, rimos, acertamos como seria nossa participação nessa reformulação e, principalmente, como seria a transição do nosso modelo de atuação para o que estava sendo implantado naquele momento. Tudo muito simples, muito natural, de tal forma que me senti também um grande nome da Psicologia Hospitalar que discutia com outro grande nome da área.

Corria então o ano de 1982. Nessa ocasião, eu também coordenava o curso de especialização em Psicologia Hospitalar do Instituto Sedes Sapientiae, e a convidei para falar aos nossos alunos sobre sua trajetória profissional. E durante muitos anos essa rotina foi inalterada, com sua fala aos alunos sobre a maneira como havia se desenvolvido na prática hospitalar, como havia estruturado sua atuação profissional dentro dessa realidade.

17

Psicologia Hospitalar

Da mesma forma, também passei a falar para os alunos dos cursos de aperfeiçoamento da unidade de psicologia hospitalar do Hospital das Clínicas da FMUSP.

Outros Tempos

Em 1988 ocorreu, em Recife/Olinda, o III Encontro Nacional de Psicólogos da Área Hospitalar. Levei meu filho mais velho, Evandro, na ocasião com 8 anos de idade, para que conhecesse aqueles cantos tão queridos.

Nessa viagem, Mathilde conheceu Evandro e passou a fazer parte da nossa família. Posteriormente conheceu a minha filha, Paula, e igualmente não mais houve ruptura no estreitamento de nossas relações. Assim, bastava ter algum congresso fora de São Paulo que imediatamente Mathilde queria saber qual dos meus filhos iria comigo e se preparava para curti-los no verdadeiro sentido do termo. E não só em congressos, pois Mathilde passou a ser figura obrigatória nas festas que realizamos em casa, bem como em muitos almoços dominicais. Evandro hoje é artista plástico e uma de suas obras mais queridas presenteou à Mathilde como forma de reverenciar o afeto que todos temos por ela.

Mathilde deixou então de ser uma amiga querida para tornar-se alguém da família, alguém cuja presença é indispensável em todas as ocasiões especiais e até mesmo rotineiras. Uma presença forte, marcante e que, antes de qualquer outra característica, transmite uma humildade que torna muito difícil identificar na sua figura simples uma das maiores personalidades na área da psicologia. É difícil constatar que aquela pessoa de riso meigo e olhar doce e suave é igualmente a precursora tanto da Psicologia Hospitalar como até mesmo da psicossomática no Brasil. É difícil estabelecer o paralelo de que aquela mulher sempre tão disposta a ouvir os mais diferentes interlocutores é, sem sombra de dúvida, uma das mais notáveis professoras de nossa realidade acadêmica, alguém que não sabe de pronto o número de orientações que possui na atualidade. E que seguramente dependerá de uma grande pesquisa bibliográfica para se apurar o número de teses acadêmicas escritas sob sua orientação. Mas certamente não será de sua boca que ouviremos qualquer eloquência sobre a magnitude dos trabalhos que orientou ao longo de sua trajetória profissional. Como também, se não fosse o trabalho que organizamos[2] relatando sua trajetória profissional na realidade hospitalar, certamente seus feitos e conquistas se perderiam ao longo do tempo e do espaço, pois ela não seria capaz de registrá-los ou até mesmo de narrá-los de modo sistematizado.

---

2 - *Tendências em Psicologia Hospitalar. Op. cit.*

De Como o Saber Também é Amor

A sua humildade atropela a grandiosidade de suas realizações, pois, por mais incrível que possa parecer, nem mesmo suas primeiras publicações ela manteve guardadas e conservadas. E isso posso afirmar sem titubeio, pois para escrever a história de sua trajetória profissional tive de lapidar muito material que se achava misturado a outras tantas publicações, bem como garimpar trabalhos que se achavam perdidos nos lugares mais inimagináveis. Para se ter uma ideia da dimensão dessas colocações, cito uma ocasião, por volta de 1991, quando estava trabalhando na descrição de sua trajetória e precisava de uma conferência que ela havia proferido no início de seu desempenho profissional. Fui até sua casa, e depois de muito procurar e nada encontrar, levei-a para assistir a um concerto que para mim era imperdível. Quando voltamos à sua casa, procuramos por toda madrugada até finalmente encontrá-la.

E assim foi durante toda a elaboração desse trabalho, um incessante garimpo no qual cada peça encontrada era fartamente comemorada pelas dificuldades apresentadas. E não pense o leitor de modo precipitado que isso possa ser evidência de uma desorganização de sua parte, pois outros trabalhos indispensáveis à sua prática profissional estão devidamente guardados e com fácil acesso em seu escritório de trabalho. O registro de suas atividades foi deixado de lado por sua característica de humildade, que a impede de se reconhecer como alguém cujos passos são de extrema importância para a própria história da psicologia no Brasil.

Em uma ocasião ela simplesmente falou: "Quem vai se interessar por uma conferência que proferi no final(fim) dos anos 1950?" E, na verdade, fazia referência a uma conferência que registra a primeira participação de um psicólogo em um evento organizado por médicos no Hospital das Clínicas da FMUSP e no qual estavam registrados os seus primeiros passos, bem como o nível de aceitação ao seu trabalho por outros profissionais da saúde. Ou de outra situação em que simplesmente falou: "Não sei para que você está interessado em saber os detalhes do meu trabalho no hospital". E novamente estávamos diante de uma situação em que tais detalhes colocavam em evidência um pouco da história da psicologia no Brasil.

Até mesmo uma foto de um congresso realizado na Europa, quando ainda era jovem, e que tinha grandes personagens da psicologia mundial, como Melaine Klein e Ernest Becker, entre outros, só é mostrada depois de muita insistência. Do contrário, guardada está, guardada permanecerá. Imagino de outra parte que se essa foto pertencesse a inúmeros outros colegas, estaria em destaque em suas salas de visitas, como um dos maiores triunfos da própria trajetória profissional.

Uma das faces mais marcantes de sua generosidade é o modo como acolhe colegas de outros Estados, hospedando-os em sua própria residência. Assim, é muito comum encontrar

Psicologia Hospitalar

colegas dos mais diferentes cantos que, ao passarem por São Paulo, são recepcionados por Mathilde, tendo então em sua residência o local de referência e proteção. E não pense que se trata apenas de notórios de outras localidades, mas de qualquer colega, acadêmico que seja, e que simplesmente necessite de uma acomodação por esses cantos. É como já ouvi de um colega de Maceió que lá estava hospedado: "Além de tudo, ainda tenho o privilégio de conviver com o dia a dia de Mathilde Neder".

Mathilde, em sua generosidade, guarda hábitos de extrema valorização do convívio familiar. É frequente ouvir-se dela sobre a necessidade de ir até o interior para cuidar de parentes. Ela também é muito religiosa, e um de nossos passeios frequentes é levá-la para assistir à missa do canto gregoriano no Mosteiro de São Bento, no centro histórico de São Paulo. E de qualquer maneira ela é sempre grata a qualquer gesto que façamos em seu benefício. Tudo é muito considerado e não há ação em que não se derrame em agradecimentos quando se sente acarinhada pelos nossos gestos.

Sem medo de erro é possível afirmar que o grande e, por assim dizer, o seu principal defeito é a sua escassez de publicações. Pela magnitude de sua vivência é uma perda irreparável um número tão reduzido de trabalhos acadêmicos. Embora esteja constantemente orientando as mais diferentes dissertações e teses acadêmicas, certamente teríamos uma grande contribuição se ela dedicasse um tempo de suas atividades para a publicação de sua vasta experiência profissional. Mas os ensinamentos que ela nos lega a cada encontro nos tornam responsáveis pela sua difusão. E também não podemos perder de vista que dois dos maiores pensadores da humanidade – Cristo e Sócrates – nada publicaram, chegando suas ideias e ensinamentos até os dias de hoje graças àqueles dentre os seus discípulos que recolheram um vasto material de seus ensinamentos e os publicaram. E assim, o saber pode se transformar em uma das mais belas manifestações do amor...

Serra da Cantareira, em uma manhã de inverno.

Atendimento Psicológico no Centro de Terapia Intensiva

3

Ricardo Werner Sebastiani

Introdução

O CTI traz como sério estereótipo vinculado à sua ideia a imagem de sofrimento e morte iminente. Na verdade, por ser uma unidade no hospital que se dedica ao atendimento de casos em que o cuidado intensivo e a gravidade dos problemas exigem serviços constantes e especializados, esse tipo de imagem acaba tendo um bom cunho de realidade.

As características intrínsecas ao CTI, como a rotina de trabalho mais acelerada, o clima constante de apreensão, as situações de morte iminente, acabam por exacerbar o estado de "estresse" e tensão que tanto o paciente quanto a equipe vivem nas 24 horas do dia. Esses aspectos, somados à dimensão individual do sofrimento da pessoa nela internada, tais como a dor, o medo, a ansiedade, o isolamento do mundo, trazem, sem dúvida, vários e fortes fatores psicológicos que interatuam de maneira muitas vezes grave por sobre a manifestação orgânica da enfermidade que a pessoa possui.

Para tanto, discorrer-se-á sobre os aspectos mais importantes desse momento da história do indivíduo, começando por desmistificar o que se acredita ser um Centro de Terapia Intensiva.

Desmistificando o CTI

O CTI é mais um dos frutos do extraordinário avanço que as ciências médicas e sua tecnologia atingiram no século XX. Objetivado para um tratamento intensivo do enfermo, veio se evidenciando como uma unidade indispensável para o tratamento de doentes graves.

Equipamentos sofisticados, pessoal técnico qualificado, atenção constante, 24 horas diárias de medicações, exames, testes, tensão, rotina, visando a um só fator: a pessoa enferma.

Não obstante essas conotações e todo aparato científico e tecnológico, observa-se um fato que se repete nas centenas de CTIs espalhados pelo nosso País.

Existe, na maioria das pessoas, um estereótipo bastante arraigado, associado ou colocado como sinônimo de CTI: A MORTE IMINENTE. O fator morte, controvertida realidade de nossa existência dentro da cultura ocidental, é, por paradoxal que pareça, vivido todo o tempo na rotina diária do CTI, exigindo das pessoas que nele trabalham e lutam pela vida um posicionamento muito duro perante este, muitas vezes obrigando-as a refugiar-se em um universo racionalista para aguentar a pressão emocional que isto tudo causa.

A história da Medicina traz situações que se repetem com o passar dos séculos, sempre questionando o fator morte e a importância da atenção afetiva do terapeuta diante do enfermo.

Asclépio, médico da batalha de Troia (2), citado por Homero e glorificado depois como deus da Medicina, preconizava em seus ensinamentos a importância de uma boa acolhida ao enfermo, interessando-se por seu todo; ambiente, interesses, família, cultura, motivações e sintomas eram condições básicas para sua recuperação.

Firmado neste código de respeito à pessoa humana, levanta-se então a necessidade iminente de uma ampliação na abordagem à pessoa enferma, quebrando a defesa racional e, ao lado dela, vivendo o conflito entre vida e morte. Não se trata de uma entrega imediata ao sofrimento, pois se cairia então no mesmo prisma extremista da racionalização, mas sim de um "estar com" em que se pode, como mediador, acompanhar a vida e a morte, lutando por aquela ou compreendendo, nesta, nossa limitação, abandonando a onipotência que muitas vezes nos assola como um dom divino de "senhor da existência".

Tem-se, portanto, como objeto da atenção do psicólogo no CTI, uma tríade constituída de: paciente, sua família e a própria equipe de saúde, todos envolvidos na mesma luta, mas cada um compondo um dos ângulos desse processo.

O sofrimento físico e emocional do paciente precisa ser entendido como coisa única, pois os dois aspectos que o constituem interferem um sobre o outro, criando um círculo vicioso do tipo: a dor aumenta a tensão e o medo que, por sua vez, exacerbam a atenção do paciente à própria dor que, aumentada, gera mais tensão e medo, e assim sucessivamente (9). Essa compreensão ajuda o psicólogo a quebrar esse círculo vicioso de forma a tentar resgatar, com o paciente, um caminho de saída para o sofrimento, em que, de um lado, as manobras médicas, medicamentos, exames, introdução de aparelhos intra e extracorpóreos

Atendimento Psicológico no Centro de Terapia Intensiva

vão se somar às do psicólogo, que favorece a manifestação dos medos e fantasias do paciente, estimula sua participação no tratamento, ouve e pondera sobre questões que o aflijam (angústia, desesperança, mudanças estruturais na sua relação com a vida, expectativa da morte etc.). Todos esses esforços visam mais do que a um fim puro e simples: visam a um caminho de enfrentamento da dor, do sofrimento, e eventualmente da própria morte, mais digno e o menos sofrido possível.

Nunca se pode esquecer que do lado de fora do CTI, no corredor, na sala de espera, existe uma família igualmente angustiada e sofrida, que se sente impotente para ajudar seu familiar, que também se desorganizou com a doença e que também se assusta com o espectro da morte que muitas vezes ronda seus pensamentos.

Essas pessoas também precisam da atenção do psicólogo e constituem-se em uma potente força afetiva que pode e deve ser envolvida no trabalho com o paciente, pois são os representantes principais de seus vínculos com a vida e, não raro, uma das poucas fontes de motivação que este tem para enfrentar o sofrimento e a virtualidade da morte.

Sabe-se muito bem que o palco principal do tratamento no CTI acontece no plano biológico; a infecção sendo combatida pelos antibióticos, as falências dos sistemas sendo compensadas por máquinas e fármacos, a vigilância do funcionamento do organismo feita por exames e testes laboratoriais; às vezes esse processo nos faz esquecer de que tudo isso tem um único objetivo: preservar a vida. E o que é essa vida senão esse intrincado sistema de emoções, afetos, vínculos, motivações que sentimos em nosso corpo e de nossa alma, que acontece dentro de um ambiente que nos cria e criamos chamado família, relacionamentos, trabalho, mundo, enfim...? É, portanto, pela qualidade desta vida que se luta, às vezes ganhando, às vezes perdendo. Nesse ponto a equipe de saúde, que, antes de mais nada, é também composta de pessoas, vivencia no seu cotidiano esse significado de viver e de morrer. O profissional de saúde não deixa de ser assolado por sentimentos ambivalentes de onipotência e impotência, a própria finitude que é denunciada a cada momento, as expectativas de todos (família, paciente, colegas...) são jogadas sobre eles. Para suportar isso, muitas vezes se refugiam em suas defesas, o racionalismo, o não envolvimento, a própria onipotência, mas mesmo assim todos esses estímulos estão ali, presentes no seu dia a dia. O psicólogo pode então atuar como facilitador do fluxo dessas emoções e reflexões, detectar os focos de "estresse", sinalizar quando suas defesas se exacerbaram tanto, a ponto de alienarem-se de si mesmas, de seus próprios sentimentos, e favorecer a compreensão de sua onipotência (que é falsa).

Esse trinômio merece atenção, merece respeito; o psicólogo o compõe sendo ao mesmo tempo agente e paciente de tudo que se mencionou anteriormente; sua presença pode ser inestimável

Psicologia Hospitalar

nesse momento, quase sempre cronicamente crítico, e cabe também a ele estar atento não só ao outro, mas a si mesmo, para poder atuar sempre que puder, respeitando seus limites.

Objetivos Gerais do Acompanhamento Psicológico no CTI

O presente trabalho visa discutir os aspectos psicológicos de pacientes submetidos a cirurgias de grande porte, pós-operatório imediato, bem como discorrer sobre as reações emocionais de outro grupo de pacientes (não cirúrgicos) durante sua permanência no CTI.

Tendo isso como meta de trabalho, buscar-se-á mostrar a intervenção psicológica no enfermo, que procura possibilitar uma diminuição e/ou amenização das intercorrências que poderão vir a complicar ou retardar a recuperação e a reabilitação dele.

Para que se possa compreender com mais clareza o processo psicofísico do enfermo, é de extrema importância que sejam abordados os grupos de fatores que intervêm de forma direta ou indireta na evolução do quadro psico-orgânico do paciente, como será visto a seguir.

Observamos que a situação do paciente não tem somente o ângulo de vida e morte, mas também o sentimento de abandono e dicotomitização, pois é regra comum, na maior parte dos CTIs, a proibição das visitas, e é "regra" em hospitais, por um provável vício do cotidiano, tratar as pessoas como sintomas, órgãos ou números (o "202 A", a "esterose" do leito 01, o "neuro" do 5º andar...), resultando na despersonalização, o que evidencia a importância do trabalho do psicólogo, ressaltando "o tempo e o interesse humanos" como preponderantes para o auxílio na recuperação ampla da pessoa enferma.

Para tanto, o trabalho do psicólogo hospitalar baseia-se nos seguintes aspectos:

1. Atender integralmente o paciente e a sua família, considerando-se os parâmetros de saúde da Organização Mundial de Saúde (3):
   a) total bem-estar biopsicossocial do paciente;
   b) atenção primária, secundária, terciária à saúde.
   Logicamente, uma pessoa internada no CTI não tem como principal necessidade a atenção primária, mas a preocupação com a profilática de uma orientação adequada antes da alta; um preparo para que as limitações advindas da doença (tanto físicas quanto psíquicas) não tragam à pessoa sentimentos de inutilidade para si e para o mundo são muito importantes.
2. Desenvolver as atividades sob uma visão interdisciplinar (médico, enfermeira, assistente social, fisioterapeuta, biomédico, nutricionista etc.), baseadas na integração dos serviços de saúde voltados para o paciente e sua família.

3. Possibilitar a compreensão e o tratamento dos aspectos psicológicos (psicogênicos) nas diferentes situações, tais como:
   a) quadros psicorreativos;
   b) síndromes psicológicas;
   c) distúrbios psicossomáticos;
   d) quadros conversivos;
   e) fantasias mórbidas e angústia de morte;
   f) ansiedade diante das internações (doenças, evolução, alta).

O Paciente Cirúrgico[1]

É realmente notável a qualidade das reações dos pacientes diante da cirurgia. Nessa situação, as pessoas tendem a mudar. Elas se refazem, refinam seu autocontrole, deliberadamente limitam suas percepções e sentimentos, negam o perigo, aceitam com estoicismo o inevitável e conseguem, até mesmo, uma aparência de satisfação. A considerável valia dessa mudança interna, embora não seja universal, é talvez maior do que se pensa. Com sua ajuda, o paciente não apenas se protege contra um medo e sofrimento avassaladores, mas se entrega também a um papel mais passivo, cooperativo e tratável.

Que ninguém se deixe enganar pela contenção emocional de um paciente cirúrgico. Não importando o grau de imperturbabilidade de sua aparência, subjacente a ela, há um medo e um pavor terríveis. O paciente submetido a procedimento cirúrgico apresenta aspectos psicológicos importantes principalmente com relação ao medo. Tem medo da dor, da anestesia, de ficar desfigurado ou incapacitado. Tem medo de mostrar medo, e medo de mil e uma coisas. Sobretudo, tem medo de morrer. E, diferentemente de algumas outras coisas temidas pelas pessoas, o medo da cirurgia tem, pelo menos em parte, uma base concreta. Embora a realidade seja sempre enriquecida pela imaginação, o medo da cirurgia nunca é totalmente imaginário.

O tipo de freio que os pacientes exercem sobre o seu medo faz muita diferença em relação ao seu bem-estar. Alguns o têm firme, relativamente inquebrável e muito útil. Outros o têm tão frágil que precisam de reforço, em geral, por meio de acompanhamento psicológico e eventualmente drogas. Outros ainda dispõem de métodos especiais para controlar a ansiedade, e nem todos são benéficos. Um modo particular é aquele do paciente que, tentando aliviar a ansiedade concentrada sobre a parte do corpo cirurgicamente

---

1 - Extraído, adaptado e complementado a partir de Bird, B. (1), *Conversando com o Paciente*. São Paulo: Manole, 1978.

Psicologia Hospitalar

afetada, torna-se preocupado com outras partes de seu corpo, ou cria problemas artificiais em outras regiões orgânicas. Se esse deslocamento de uma parte para outra parece não ser prejudicial, não há necessidade de interferência. Em alguns casos, porém, o bem--estar do paciente é mais bem preservado se a equipe o ajuda a devolver a ansiedade ao seu lugar originário.

O fato de um paciente em particular tentar deslocar a preocupação de um órgão afetado para outro normal depende normalmente do valor que atribui ao órgão afetado. A cirurgia da face e das mãos pode causar grande ansiedade entre pacientes cujo talento depende da integridade dessas extremidades. É óbvio que os órgãos vitais são mais cotados. Em geral, quanto mais valorizado for o órgão, maior será a ansiedade do paciente diante da cirurgia e, portanto, quando esses órgãos forem operados, será muito provável que o paciente desloque sua ansiedade deste para outros órgãos saudáveis e menos importantes.

Tanto o paciente quanto o cirurgião devem ser providos de um representante pessoal – o psicólogo – cujas funções seriam, de um lado, representar o paciente que, em seu estado mental e físico afetado, não tem condições para representar a si mesmo e, por outro lado, o cirurgião, que nem sempre consegue ser tão útil quanto gostaria ao lidar com os medos e fantasias do paciente em relação ao que vai acontecer. O representante seria alguém que nada faria – como cortar ou suturar –, caso contrário também ele se veria obrigado a esconder e reprimir seus sentimentos e angústias. É o que se entende como "privilégio" do psicólogo no hospital, na medida em que ele não representa ameaça (organicamente falando).

Essa ponte, ou facilitação de vínculos, tem grande importância, sobretudo para o paciente, pois ela é uma das possibilidades concretas de se desenvolver dois sentimentos imprescindíveis para o bom prognóstico emocional da relação do indivíduo com a cirurgia e o processo, muitas vezes longo, de pós-operatório e reabilitação, que são a confiança e a autorização. Essa última nem sempre considerada como fator importante, mas sabe-se que, se não houver por parte do paciente uma autorização explícita e implícita para que se intervenha sob seu corpo e, em uma instância mais profunda, em sua própria vida, os riscos de intercorrências e problemas no transcurso de tratamento aumentam significativamente.

A questão da confiança e da autorização remete-se a um dos aspectos mais importantes na relação entre a equipe de saúde e o paciente que se pode denominar de "entrega participativa": ou seja, ao mesmo tempo em que confia na equipe e a "autoriza" a cuidar dele, manipulá-lo, mesmo em um momento em que está inconsciente, portanto sem nenhum controle, age por outro lado mostrando-se interessado pelo seu estado, sua evolução, e esforça-se para ajudar-se no tratamento e recuperação.

Atendimento Psicológico no Centro de Terapia Intensiva

Essa aparentemente pequena preocupação que a equipe deve ter em relação à estruturação de seu vínculo com o paciente, a despeito de colocações adversas como "falta de tempo", "prioridades maiores" etc., não só otimiza as respostas ao tratamento tanto do ponto de vista psíquico quanto físico, como também reduz o tempo de reabilitação e reintegração do paciente, o que, em última instância, acaba por contradizer os próprios obstáculos que a equipe coloca para empenhar-se nesse vínculo.

Fatores Pessoais Decorrentes da Intervenção Cirúrgica como Possíveis Geradores de Complicações na Evolução do Pós-Operatório

Esse grupo de fatores pessoais, individuais, pode ser dividido em dois momentos bem distintos, cada um com características próprias.

No primeiro momento, considera-se:

O Pós-Operatório Imediato, quando o paciente pode apresentar, dentre outras, as seguintes reações:

a) reação à cirurgia;
- letargia
- apatia
b) agressividade;
c) depressão reativa;
d) reações de perda.

No segundo momento já se considera o pós-operatório propriamente dito, no qual as manifestações e a sintomatologia são diversas:

a) elaboração inadequada das limitações impostas pelo ato cirúrgico;
- concreta
- imaginária
b) dificuldade de corresponder ao processo de reabilitação e reintegração sociofamiliar a curto, médio e longo prazos, considerando-se também os limites quanto às possibilidades do paciente.

Apesar de esses fatores pessoais estarem ligados diretamente com o ato cirúrgico em si, isso não elimina nem desvaloriza a importância dos aspectos ambientais como intervenientes para a boa evolução e recuperação do paciente.

27

Psicologia Hospitalar

Complementando, pode-se dizer que ambos os fatores se interligam e se interpõem, de forma que o trabalho a ser desenvolvido com esses pacientes é bastante complexo e delicado, precisando os profissionais terem "feeling" bastante aguçado para detectar, compreender e tentar resolver os fatores conflitantes do paciente.

Atendimento ao Paciente em Pós-Operatório Imediato

As cirurgias de grande porte, principalmente, impõem a necessidade de internação do paciente no CTI, no pós-operatório imediato, dado o estado delicado em que este se encontra, necessitando, portanto, de uma atenção exclusiva e maciça para que suas possibilidades de recuperação sejam maiores.

É importante frisar que algumas unidades hospitalares possuem CTIs destinados somente a estes casos, e em outras temos CTIs mistos, que não recebem pacientes somente em pós-operatório, como também em outros casos graves. Sem dúvida, a convivência com outros pacientes em estado grave interfere sobre o pós-operado, gerando questionamentos e fantasias sobre suas possibilidades de evolução, seu sofrimento e mesmo sua morte.

Nos casos em que o CTI destina seu atendimento exclusivamente ao pós-operado, deve-se ter em mente que este é o momento em que o paciente estará mais debilitado e dependente. De forma mais adequada, o trabalho do psicólogo no acompanhamento dessas pessoas deve ser iniciado no pré-operatório, no qual é dedicada toda uma atenção a essas pessoas e suas famílias, prestando-se orientação em relação às expectativas da cirurgia, ouvindo-se e discutindo-se os medos, desmistificando-se as fantasias e conversando-se sobre a ansiedade e angústia juntamente com eles. Se assim for, o trabalho do psicólogo será uma continuação, agora focado no período de recuperação e reabilitação gradativas do paciente, que já vem sendo trabalhado desde a internação.

Esse período se inicia com a volta da pessoa à consciência no CTI, onde esta sai do sono anestésico, atordoada e tomando (ou não) gradativamente consciência do seu estado e, sobretudo, de si mesma. Não é um momento fácil para a pessoa, pois, além da alteração do estado de consciência, ela começa a se perceber literalmente amarrada ao leito, com toda uma parafernália de equipamentos extra e intracorpóreos anexados ao seu corpo (cânulas de entubação, eletrodos do ECG, cateteres de soro e sondas, drenos etc.). Nesse momento observa-se, muitas vezes, a pessoa entrar em estado de agitação, não raro tentando arrancar os aparelhos que a incomodam. Nota-se que, quando se faz orientação no pré-operatório, prestando-se esclarecimentos quanto ao CTI e sua rotina, este é desmistificado para a pessoa, e mesmo em estado alterado de consciência a incidência desse comportamento é

Atendimento Psicológico no Centro de Terapia Intensiva

bem menor, e com isso até mesmo os riscos orgânicos diminuem (note bem: exemplificando, uma pessoa em agitação no pós-operatório de cirurgia cardíaca, além de comprometer seu estado pela vontade de livrar-se da aparelhagem, tentando, por exemplo, arrancar a cânula de entubação, terá, pelo estado de agitação, um fator agravante à sua pressão arterial e às demais funções metabólicas, que poderão ser afetadas por esse quadro).

Do ponto de vista psicológico, esse momento tem importância ímpar. Já se teve oportunidade de vivenciar o misto de alívio da pessoa no momento do pós-operatório, posto que a ansiedade maior que repousava no enfrentamento da cirurgia passou, mas a vivência de todo o processo de recuperação, muitas vezes mais doloroso que o pré-operatório, somado à queda de defesas que normalmente a pessoa desenvolve para suportar a ansiedade e apreensão pré e perioperatório, acabam acarretando quadros psicorreativos altamente comprometedores ao seu restabelecimento.

Dentre eles, destaca-se a depressão, muito comum, principalmente em cirurgias cardíacas (outros quadros mais comuns derivados desta: anorexia, astenia, apatia, até outras respostas que vão desde agitação propriamente dita até quadros confusionais de origem psico-orgânica).

Cabe aqui ressaltar que, em muitos momentos do pós-operatório imediato, o paciente pode experimentar alterações psicológicas mais graves associadas a intercorrências na cirurgia ou deficiências secundárias que, a partir da cirurgia (desencadeadas por toxemias) e de quadros psicóticos exógenos relacionados a déficits na oxigenação (por exemplo, após longo período de permanência em circulação extracorpórea), são os mais comumente observados. A atitude ante esses quadros depende de intervenção múltipla. De um lado, o médico, buscando eliminar as causas exógenas que provocaram o desencadeamento do surto, de outro, o psicólogo, atuando com o paciente na reorganização das vivências, e, após a remissão do quadro, acompanhando o redimensionamento da pessoa, posto que a consciência de uma experiência de ruptura causa comprometimentos ao equilíbrio personal do indivíduo. Sob esse aspecto discutir-se-á mais adiante.

No sentido mais amplo do trabalho do psicólogo, acredita-se ser fundamental ressaltar a importância da presença de um elemento mais voltado à atenção a pessoa, que possa ouvir o outro lado de suas queixas e colocações sem precisar preocupar-se com o tratamento clínico. Tanto para o médico quanto para os demais membros da equipe a presença do psicólogo auxiliará a redução do estresse desta e do paciente.

O fato de a atitude do psicólogo diante da pessoa enferma estar descontaminada do cunho invasivo e agressivo que é visto pelo paciente nos demais membros do serviço é grande ponto a seu favor. Vale frisar que a exigência técnica de condutas invasivas e agres-

Psicologia Hospitalar

sivas (interpretadas como) é parte integrante do tratamento, não sendo possível alterar essas características. Ao dar uma injeção, trocar um curativo ou introduzir uma sonda, a sensação de invasão denunciada pelo paciente está presente, mas nestas condutas repousa a possibilidade de sua recuperação. Sendo assim, a posição do psicólogo é privilegiada, como já se disse, na relação com o paciente, permitindo abrir um canal de contato no qual a participação deste será importante para o todo quanto à sua reabilitação.

No atendimento ao paciente pós-operado, a atenção ao seu retorno ao cotidiano como reabilitação e reintegração será também um dos pontos de trabalho psicológico. Uma avaliação minuciosa de toda a equipe sobre as possibilidades e limitações que a pessoa terá em sua vida a curto, médio e longo prazos precisará ser trazida a ela e a sua família de forma a evitar atitudes inadequadas de negação das limitações (provocando a recidiva ou agravamento da enfermidade), ou, por outra parte, a exacerbação do estado de limitação, truncando potenciais de vida da pessoa, que passa a ser tratada como um inválido absoluto, quando muitas vezes possui amplas condições de reciclar sua vida de forma produtiva e criativa. Ao psicólogo cabe, portanto, orientar sob este aspecto os familiares e o paciente, procurando observar essas expectativas e atitudes de ambos perante a evolução da pessoa, desmistificando os aspectos fantasmáticos elaborados a respeito da dinâmica Limite x Possibilidade.

Reação à Cirurgia: Letargia e Apatia[2]

Alguns pacientes cirúrgicos, em sua tentativa de controlar o medo crescente, inibem a função mental de forma tão extremada que caem em um estado letárgico ou apático. Os casos pouco graves, muito mais comuns, parecem consistir em algo mais do que uma extrema amnésia, acompanhada de um baixo nível de reatividade emocional e de uma falta geral de interesse.

Talvez o paciente pareça cansado e lânguido, mas, em um exame mais atento, revelar-se-á que quase não se move, fala, sorri ou mesmo se queixa.

Quando o processo é mais profundo, o paciente se torna definitivamente mais indolente, mental e fisicamente. Os movimentos e a conversa voluntários podem ser mínimos, e as perguntas e pedidos precisam ser repetidos várias vezes.[3] O paciente tende a perder o interesse mesmo por coisas básicas, como aparência, conforto, alimentação e diálogo. Tudo que

---

2 - Extraído, adaptado e complementado a partir de Bird, B. (1), *Conversando com o Paciente.*
3 - Esse estado lembra o estágio de obnubilação ou turvação gerado por comprometimento da consciência, mas a atividade mental do paciente nesses casos está preservada.

Atendimento Psicológico no Centro de Terapia Intensiva

faz é permanecer deitado, ou sentado, como se estivesse dormindo ou desligado do que o cerca. Mesmo uma apatia e letargia acentuadas como essas podem passar despercebidas. Podem dever-se ao fato de a equipe preferir pensar que se trata de reações "cirúrgicas" à sua dificuldade no trato de perturbações emocionais e ao seu desejo de não observar evidências de ansiedade.

A causa aparente dessa letargia/apatia pós-operatória é a emoção primária, mas a agressividade a segue de perto. Acossado pelo pânico, o paciente, em uma manobra desesperada, paralisa seus sentimentos. Elimina de sua consciência não somente os perigos que o ameaçam de fora – sobretudo os perigos cirúrgicos –, como também não se permite perceber sua vida inteira – em particular suas lembranças dos perigos e injúrias do passado, e suas imaginações alimentadas e insufladas por essas memórias. Em certo sentido, fechando-se, fazendo com que ele próprio desapareça, transformando-se em nada.

Quando o paciente volta ao normal, mesmo quando seu normal é irritável, impertinente, difícil, queixoso, ansioso ou temeroso, a mudança é sempre recebida com alívio por parte da equipe. Sente-se que, agora, o paciente está se recuperando. Esta crença pode ser mais que inocente. Um paciente que matou suas emoções matou também suas esperanças e vontade de viver, e um paciente sem vontade de viver representa um grande obstáculo a suas possibilidades de recuperação, mesmo quando o prognóstico biológico é bom.

Exemplo de uma acentuada reação apática à ansiedade intensa deu-se em uma mulher de meia-idade, que sofrera uma colostomia de emergência. Nos quatro ou cinco dias posteriores à intervenção, ela permaneceu inerte, deitada de costas, com os olhos fechados, aparentemente dormindo. A paciente não se queixava, não exprimia desejos de qualquer espécie e, em geral, parecia uma mulher estupidificada, insensível. Como fora um caso de emergência e ninguém sabia como era antes da operação, a equipe supôs que este era seu estado normal. Vários dias depois, quando chegou a época de aprender a cuidar de si mesma, a paciente não conseguiu captar nada, e esta dificuldade – ao lado dos outros indícios de seu estupor – levou a equipe a concluir que a paciente tinha características de retardo mental.

Depois de uma semana, porém, para surpresa geral, a paciente começou a se manifestar. Descobriu-se então que sua apatia servira para inibir um estado agudo de terror. Quando entrou no hospital, em uma crise de dor, não esperava sair dali com vida. Pensava que a anestesia era a morte e quando acordou, e por muitos dias ainda, acreditava que estava morta. Curiosamente, ao saber que passara por uma colostomia, seu medo da morte não aumentou, mas exerceu um efeito mental estimulante sobre ela. Em várias tentativas das enfermeiras de lhe mostrar como cuidar-se, a paciente vagarosamente começou a perceber

Psicologia Hospitalar

que, como lhe estavam ensinando o que fazer quando retornasse para sua casa, elas realmente acreditavam que ela se curaria. Este foi o primeiro sinal de esperança que se permitiu ver, e daí para a frente recuperou-se com rapidez.

Algumas vezes esse estado pode sugerir uma enfermidade cerebral, uma possibilidade que sempre deve ser levada a sério em qualquer reação letárgica prolongada. Outra dificuldade diagnóstica pode se apresentar pelas semelhanças entre letargia e depressão. O paciente deprimido, a menos que esteja em estupor profundo, em geral fala de sua depressão, admite que se sente triste (estes são geralmente os casos de depressão reativa, que serão discutidos mais adiante). Os pacientes mais gravemente deprimidos (depressão maior ou patológica) muitas vezes expressam sentimentos de culpa e de baixa estima, e o fazem como se realmente tivessem cometido algum erro grave. Portanto, culpa, fantasias mórbidas, não raro ideias de autoaniquilação, acompanham o paciente deprimido, podendo essa sintomatologia ser acrescida de insônia, anorexia e amorfismo afetivo – nesse último caso sente pouca ou nenhuma emoção, é um estado no qual se observam atitudes de autoabandono e ensimesmamento. É importante destacar nesses casos que essa pode ser uma das reações do paciente diante da morte, que não deve ser confundida com o movimento de desapego da fase de depressão preparatória que antecede a aceitação da morte, como destaca E. K. Ross (4,5). Ainda sobre esses aspectos há outros que serão vistos mais à frente.

Agressividade nos Pacientes Cirúrgicos[4]

Para a equipe, como para a maioria de nós, a agressividade é uma emoção perturbadora, talvez a mais perturbadora de todas as emoções. Não conseguem entendê-la ou considerá-la justificada; consideram-na uma acusação de coisa malfeita e, como fizeram tudo que podiam pelo paciente, não aceitam facilmente as expressões de agressividade.

Os cirurgiões que veem a agressividade desse modo muito pessoal acham difícil pensar como uma parte normal da vida. Tornar-se agressivo quando injuriado, atacado ou em perigo é natural, e deve ser esperado. Desse modo, a agressividade do paciente em seguida a uma cirurgia, à qual não se pode deixar de reagir como a um ataque, também seria natural; sem dúvida, a cirurgia é um ataque benéfico. No entanto, para a vida emocional do paciente, é violência – ele se sente de fato em perigo, é cortado, há dor, ele fica incapa-

---

4 - Extraído, adaptado e complementado a partir de Bird, B. (1), *Conversando com o Paciente.*

Atendimento Psicológico no Centro de Terapia Intensiva

citado e, percebendo ou não, torna-se agressivo. Além disso, embora a cirurgia em si seja benéfica, a causa de sua necessidade não o é.

Nesse sentido, nenhum paciente está preparado para uma operação. Com efeito, o paciente é salvo de algo pior, salvo talvez da morte, mas de qualquer modo teria sido melhor se o problema nunca tivesse surgido. Assim, também sob este aspecto, por causa da desgraça provocada pelo "destino", pode-se esperar que o paciente cirúrgico se torne agressivo.

Alguns pacientes, naturalmente, têm razões mais explícitas para sua agressividade: nem todas as operações têm êxito "completo". E mesmo os pacientes cuja intervenção seja um sucesso podem ligar sua agressividade ao que consideram como motivos reais. Por exemplo, um paciente pode sentir dor por um tempo maior do que ele próprio esperava, sua cicatriz pode ser maior, mais fria, ou estar mais exposta do que pensara, ou talvez a recuperação seja mais lenta do que o esperado. Portanto, não só fantasias mórbidas em relação à cirurgia, mas também outras modalidades aparentemente "positivas" de fantasias, podem gerar frustração e agressividade.

Mais prejudiciais são aquelas reações que interferem no bem-estar do paciente. Por exemplo, a agressividade do paciente pode manifestar-se sob a forma de negativismo em relação aos cuidados pós-operatórios. Passa então a resistir a tudo que é feito por ele, recusa-se a fazer tudo que lhe dizem e insiste em fazer o que pensa ser o melhor.

Sempre que se suspeita de agressividade escondida como causa de perturbação no progresso ou cuidados do paciente, deve-se conversar com este sobre a sua agressividade. Deve-se encorajá-lo a expressar a sua agressividade ou, então, descobri-la. Quem quer que seja que fale com ele pode dizer-lhe que a sua agressividade já era esperada; e, se o paciente se cala, é necessário contar-lhe algumas coisas que despertam a agressividade em outros pacientes, usando a projeção como fator de manifestação e elaboração do sentimento agressivo.

Infelizmente, sabe-se que, muitas vezes, esse sentimento pode ser desencadeado por fatores externos, como, por exemplo, o adiamento da cirurgia, a suspensão da alta tão desejada, a ausência das visitas ou proibição destas etc. São situações que, sempre que possível, devem ser evitadas pela equipe; no entanto, quando ocorrem, é imprescindível que se auxilie o paciente a expor sua raiva e frustração, de forma a eliminar o efeito extremamente nocivo que esse sentimento reprimido pode causar tanto na sua esfera emocional quanto física. É importante salientar, também, o cuidado que a equipe deve ter em relação à postura diante do paciente, buscando não entrar em um processo pessoal de envolvimento com a agressividade do paciente (contratransferência), fato esse não tão raro assim, que muitas vezes acaba por gerar conflitos no vínculo entre equipe-paciente, ou até mesmo atitudes de evitação em relação ao paciente.

Libertar abertamente parte da agressividade pode ser de grande alívio e provocar uma melhora significativa nos cuidados e tratamentos do paciente, e até mesmo na rapidez de sua recuperação pós-operatória.

Depressões no Paciente Pós-Cirúrgico

A maior parte das depressões pós-operatórias é "reativa",[5] que varia em grau de leve a grave, tendo fatores principalmente ativos.

A agressividade, da qual o paciente quase sempre é inconsciente, está sempre presente e ativa nas depressões. Um dos mecanismos que provocam a depressão é a identificação do paciente com a pessoa que é objeto de sua agressão, neste caso, o cirurgião ou outros da equipe de saúde. Pela identificação, transferiram-se os sentimentos pelo cirurgião para ele próprio. Sua consciência se torna o atacante, e ela o ataca. Segue-se daí a depressão. Quanto mais secretamente ele deseja ferir a outra pessoa, mais é reforçado pela sua consciência a ferir a si mesmo, e mais cresce a depressão.

O objetivo principal no diálogo com esses pacientes é tratar essa depressão aguda. Ao fazê-lo, é de maior utilidade descobrir com o que o paciente está furioso, e ajudá-lo a redirigir e a mobilizar sua agressividade para o objeto real.

Outro fator significativo, gerador da depressão reativa de pós-operatório, está associado às vivências e conflitos experimentados pelo paciente no pré-operatório. Sabe-se atualmente que existe uma correlação íntima entre o grau de estresse (10) e ansiedade do paciente no pré-operatório, sendo esta uma das principais responsáveis pela incidência maior de depressão no pós-operatório, principalmente nas 36 horas imediatas ao ato cirúrgico. Quanto maior a ação desses fatores, maiores as chances de presença e intensidade da depressão.

Conforme mencionado anteriormente, o estado anímico do paciente suscetível a todo o evento (doença-internação-indicações cirúrgicas) mobiliza-se, buscando defender-se ou esquivar-se da situação de ameaça que pressente. Quando essa mobilização é inadequada e/ou os fatores vividos pelo paciente geram ou acentuam o estresse (10) e a ansiedade, o desgaste emocional torna-se cada vez mais progressivo. Todos seus mecanismos de defesa estão voltados para o enfrentamento do evento crítico, que no caso é representado pela cirurgia. Uma vez superada a crise, há uma queda abrupta de toda essa energia mobilizada, levando, então, o paciente a um estado depressivo reativo que, como dissemos, terá duração

---

5 - Luto sem Complicações (DSM III R) (6).

e intensidade determinadas exatamente pelo desgaste físico e emocional experimentado, sobretudo no pré-operatório.

Pode-se esquematizar o processo observando-se o seguinte gráfico:

Como se pode observar, a atitude mais adequada da equipe é a de agir preventivamente, já no início do contato com o paciente, se possível ainda no ambulatório ou consultório, quando a indicação cirúrgica muitas vezes é uma das possibilidades, intensificando esse trabalho na internação. Fatores como confiança, disponibilidade, continência ao paciente para que exponha seus sentimentos, orientação e desmistificação das fantasias são fundamentais.

Sabe-se, no entanto, que em vários casos essa conduta não é possível, principalmente nas cirurgias de urgência, nas quais o tempo entre o diagnóstico ou evento que indica a cirurgia e esta é extremamente diminuto. Nesses casos, a atenção ao paciente no CTI deve ser redobrada, e a avaliação de suas reações emocionais ao evento como um todo, avaliada; sempre que possível, possibilitar ao paciente espaço para explorá-las e manifestá-las.

É mister sublinhar que raramente o paciente quieto, passivo, visto como "bonzinho" está bem. Inúmeras vezes por trás deste comportamento aparentemente "adequado" temos quadros de apatia, depressão, ou mesmo de uma depressão mascarada, que, geralmente, redundarão em complicações e dificuldades para o paciente e equipe no pós-operatório imediato, tardio, e em todo seu processo de reabilitação e reintegração sociofamiliar e profissional.

Psicologia Hospitalar

Depressões no Hospital Geral

As depressões têm sido alvo de estudos, discussões e reclassificações ao longo dessas últimas décadas, sendo em alguns casos alvo de polêmicas importantes no que tange ao diagnóstico diferencial e às estratégias terapêuticas para combatê-las.

Ateremo-nos aqui a discutir o fenômeno depressivo, quando ocorre em circunstâncias específicas de internação hospitalar, e às diversas situações que ela deflagra.

Para tanto, classificaremos as depressões em dois grandes grupos, que denominaremos Depressão Patológica (Depressão Maior – DSMIII-R) e Depressão Reativa (Luto sem Complicação – DSM III-R) (6).

No 1º grupo (Depressão Maior), destacam-se como sinais e sintomas predominantes:

- estreitamento das perspectivas existenciais até seu anulamento;
- ambivalência afetiva (caracterizada, sobretudo, pela querelância e refratariedade);
- agitação psicomotora (inquietação);
- perturbações do apetite;
- persistência dos sintomas por mais de duas semanas;
- amorfismo afetivo;
- isolamento;
- ideias autodestrutivas;
- insônia, hipersonia;
- prostração, apatia;
- não percepção dos motivos que geram o estado anímico, com eleição de "Bodes expiatórios" que se alteram rapidamente;
- culpa injustificada.

Já no 2º grupo (Luto sem Complicação), observamos situações mais atenuadas, das quais se destacam:

- entristecimento, todavia, com permanência de perspectivas existenciais;
- situação de perda (luto) claramente localizada no tempo e espaço histórico do indivíduo (por ele percebida);
- empobrecimento de afeto, mas sem perda de sua modulação qualitativa;
- sentimento de angústia ligada ao contexto de perda.

Atendimento Psicológico no Centro de Terapia Intensiva

No Hospital Geral, o segundo grupo aparece com uma frequência bem mais alta que o primeiro, no qual algumas circunstâncias específicas da situação de relação do indivíduo com a doença e internação se destacam:

- depressão de pós-operatório;
- depressão reativa de pós-parto (não confundir com depressão puerperal);
- depressão em situações críticas de morte iminente [E.K. Ross (4,5)];
- sintomas da angústia de morte;
- depressão diante da perda definitiva de objetos (amputação, diagnóstico de doença crônica);
- depressão por estresse hospitalar, ligada à fase de exaustão dentro do critério do S.G.A. de Selye e/ou Hospitalismo [Spitz (10,26)].

Nesses casos, a situação de perda e o processo de elaboração do luto são identificáveis no discurso do paciente, com avaliação mais atenta por parte do terapeuta.

Nas depressões patológicas, geralmente tem-se um histórico pré-mórbido ligado a outros episódios similares e, ao longo da vida do indivíduo, o grau de comprometimento afetivo e as ideias de autodestruição são bastante intensas, a ausência de fatores circunstanciais claros normalmente está presente e, mesmo quando temos fatores desencadeantes reativos como os já vistos, a inconstância do discurso do paciente denuncia que estes funcionaram apenas como deflagradores de um processo maior, e não como seu causador. A resistência às tentativas de ajuda é grande, ao mesmo tempo em que solicitam apoio o tempo todo.

Nas situações específicas de aparecimento de fenômeno depressivo quando da pessoa internada em Hospital Geral, é de fundamental importância o diagnóstico diferencial por parte da equipe e as medidas terapêuticas cabíveis.

Sempre é importante salientar que as depressões alteram não só o estado anímico do paciente, como também podem provocar alterações nas respostas imunológicas e, obviamente, em função da apatia e prostração, a participação ativa do paciente em seu processo de recuperação (quando é o caso) compromete-se sobremaneira.

Destacamos alguns pontos importantes a serem considerados pela equipe no acompanhamento desses pacientes:

a) A rapidez no Diagnóstico Diferencial (descartar possibilidades orgânicas ou outros distúrbios psicóticos).

Psicologia Hospitalar

b) Continência e presença ao lado do paciente, mesmo quando este se mostra refratário à equipe.

c) Avaliação conjunta dos aspectos emocionais e físicos que se sobrepõem.

d) Nas depressões reativas, acompanhamento e apoio psicoterápico intensivo de forma a auxiliar o indivíduo na elaboração de luto e/ou angústia de morte.

e) Apoio e orientação às pessoas que têm representação afetiva significativa para o paciente de forma que estas também atuem como agentes terapêuticos.

f) Busca de focos motivacionais que persistam no paciente de forma a providenciá-los quando possível e estimulá-los.

g) Nas depressões patológicas, é imprescindível a solicitação de avaliação específica para introdução de medicação de apoio, além de acompanhamento psicoterápico.

h) Nesses casos, principalmente orientação à equipe e vigilância maior sobre o paciente em função de aumento do risco de tentativa de suicídio.

i) Nos casos em que a depressão está associada à situação de morte iminente, com prognóstico reservado, considerar sempre o movimento do paciente, permitindo que ele determine o curso de sua elaboração sobre a morte.

OBS.: Cuidado com as antecipações, com o "Pacto do Silêncio", ou ainda com as dificuldades que muitas vezes paciente, família e equipe enfrentam para denunciar e discutir a situação de morte e morrer.

j) Ainda nesse contexto, as defesas por parte da equipe, como evitar contato com o paciente, falsas informações que podem ser contraditadas, distanciamento e frieza no contato devem ser detectadas e discutidas entre os componentes.

Não podemos esquecer que a hospitalização traz, em seu bojo, situações claras de perda (saúde) e luto, e que os quadros reativos são de frequência bastante alta. Importante ressaltar que as mobilizações geradas por situações graves de perda nas quais a elaboração do luto mostra-se comprometida podem desencadear um processo de depressão maior.

O fenômeno depressivo vivido pelo paciente internado no Hospital Geral, se não considerado e acompanhado, pode tornar-se o divisor de águas entre a opção pela vida ou a entrega à morte. Pode-se observar inúmeros casos em que, embora o prognóstico do paciente fosse bom, a depressão que se instalou funcionou como agravante seriíssimo de seu estado biopsicológico, derivando para agravamentos somáticos do quadro clínico, e eventualmente levando à morte. E, mesmo naqueles casos em que a morte é inexorável, a elaboração da angústia de morte é que possibilita a estruturação do desapego como condição para aceitação de um morrer permeado por serenidade e

Atendimento Psicológico no Centro de Terapia Intensiva

aceitação, ou, caso contrário, o autoabandono que inevitavelmente redunda em sofrimento, desespero e dor.

Nossa função no acompanhamento dessas pessoas pressupõe: continência, solicitude, perseverança e, sobretudo, um estado pessoal bem equacionado para que não caiamos nas piores formas de postura que são caracterizadas pelos dois extremos: frieza e indiferença por um lado; desespero, dor e sofrimento por outro.

Reações de Perda no Paciente Pós-Cirúrgico[6]

Em geral, pensa-se nas reações de perda em cirurgias mutilatórias, quando, principalmente parte do corpo, importante, grande ou desejável, foi retirada; por exemplo, um braço, uma perna, estômago, olhos ou pulmão. Talvez a resposta mais dramática desta espécie de vivência de perda seja o conhecido "membro fantasma", quando, após a amputação, o paciente continua tendo a sensação de possuir o membro perdido. Não se sabe até que ponto esta resposta é devida à estimulação continuada de fibras nervosas cortadas, mas parece que tem papel importante uma tentativa psicológica de não desprender-se da parte perdida.

Nesse ponto tem-se claramente denunciado que esquema corporal, como evento neurossensorial [destaca-se aí a existência da percepção sometésica do Homúnculo Sensitivo de Penfield e Rasmunsen (7)] e autoimagem como evento basicamente psicológico associam-se e mesclam-se de forma quase indissociável. A própria estruturação da consciência do EU se dá pelas experiências corporais da criança associadas a interpretações das sensações e vivências pessoais. Tem-se o que teoricamente é chamado de EU físico e EU psíquico integrando-se e originando então a Consciência do EU (9).

Nesses casos mais graves, embora a equipe esteja quase certa ao perceber que seu paciente sofrerá um sentimento de perda, ela talvez não tenha consciência do efeito grave que tais reações podem ter sobre a recuperação imediata ou sobre uma adaptação eventual à perda. Talvez não perceba que levando o paciente a falar livremente sobre seus sentimentos, muito pode ser feito para impedir um resultado desfavorável.

Nas operações menores, com remoção de partes menos importantes e menores do corpo, e, sobretudo, com a exérese de partes indesejáveis ou afetadas, embora se verifiquem reações mais suaves, também estas podem ter um efeito significativo sobre a convalescença.

---

6 - Extraído, adaptado e complementado a partir de Bird, B. (1), *Conversando com o Paciente*.

Psicologia Hospitalar

O mais difícil de compreender é que, mesmo durante a cirurgia, quando absolutamente nada é retirado, pode haver uma perda real, uma perda à qual alguns pacientes reagem desfavoravelmente. O que sempre se perde em qualquer cirurgia é a integridade do corpo. A pele é cortada e nunca mais será a mesma. Parece ridículo que um paciente reaja a ato tão pequeno, mas acontece.

Caracteristicamente, as reações de perda são imprevisíveis. Um paciente pode não ter um sentimento de perda em resposta a um procedimento maior, em contrapartida, sofrendo uma intervenção menor, pode sofrer um sentimento de perda acentuado. Essa inconsistência em geral pode ser creditada ao fato de que tais reações não se devem apenas à realidade do que se perde. São altamente pessoais e dependem em larga escala do significado específico que o paciente atribui à parte afetada e à sua função. Por exemplo, um paciente cuja vida gire ao redor do prazer por sua habilidade física pode sentir-se arrasado pela perda do movimento livre de um membro, mesmo que este não seja removido. Em tais pacientes, a fixação, rigidez ou disfunção do membro pode constituir a perda maior. Em outras palavras, mais importante que o ato cirúrgico, a interpretação que o paciente dá a este é que determina suas reações e relação com o evento.

A cirurgia que implica os olhos ou os órgãos genitais quase sempre evoca reações de perda que podem ter pouca relação com prejuízo físico. A cirurgia que afeta todas as partes visíveis do corpo – face, escalpo, orelhas, nariz... – quase sempre é seguida por reações pessoais exclusivas de perda. Porém, nunca é inteiramente seguro inferir quais operações provocarão tais reações, sendo muito mais proveitoso tentar descobrir a avaliação que cada paciente atribui à perda que vai sofrer.

Não se pode deixar de ter em mente que, como se disse, o universo de símbolos, valores e vivências pessoais do paciente é que vai influenciar muito sua interpretação e reação à perda. No entanto, principalmente na cultura ocidental, sabe-se que existe uma correlação íntima entre o sentimento de perda e a relação do indivíduo com a morte, esta representando a perda mais absoluta e irreversível que alguém pode ter e que é denunciada em todas as situações em que outros tipos de perdas acontecem na vida da pessoa. No caso do paciente pós-operado em CTI, é de supor que a questão da morte esteja intimamente presente em suas vivências, sejam internas, sejam ambientais, exacerbando assim essa correlação. Daí o agravamento do risco de processos dissociativos, depressivos, ligados a essa vivência.

As reações de perda pós-operatórias, muitas vezes, exercem um papel ativo em outras reações cirúrgicas, em particular na depressão e no estado delirante. Essa conexão é tão comum e importante que todos os pacientes deprimidos e com delírio devem ser suspeitos de estar sofrendo sentimentos grandes de perda, dos quais talvez não tenham consciência.

Como parte do trabalho do psicólogo, portanto, é sempre bom ter em mente que a depressão ou o estado delirante podem ser, pelo menos em parte, uma tentativa do paciente de negar ou compensar os sentimentos de perda.

Atendimento Psicológico ao Paciente Não Cirúrgico

Outras pessoas podem necessitar dos cuidados do CTI, independentemente do processo cirúrgico. As situações de politraumatismo, as patologias orgânicas mais graves (enfartos, quadros pulmonares, renais etc.) levam, muitas vezes, o indivíduo à internação nesta unidade, abrindo-se a porta para um período de vivências pontuado pelo sofrer, pela morte iminente, pela angústia e pelo isolamento.

A convivência com a própria morte e a do outro é muito frequente no CTI. Tem-se observado que, ao longo destes anos, as vivências experimentadas pelas pessoas que passaram algum tempo nesta situação provocaram, em muitas delas, mudanças radicais no processo de existência, não só pautada na condição de alteração orgânica, mas, sobretudo, na intensidade da vivência de morte e morrer.

Para cuidar dessas pessoas, é importante que a própria dimensão de morte e morrer do profissional de saúde, particularmente do psicólogo, bem como a do sofrer em um sentido bastante amplo, seja trabalhada (dado aqui da terapia do terapeuta), uma vez que a atitude do psicólogo sempre estará vulnerável ao sofrer, pois suas defesas racionais (usadas no cotidiano) podem interferir muito no processo de relação pessoa a pessoa exigido dentro do CTI. Trata-se, pois, da equação pessoal como indivíduo e terapeuta que precisa se alcançar, em que o ponto de equilíbrio está equidistante da frieza da racionalização e do envolvimento desorganizado que o excesso de sensibilidade pode trazer.

A atitude do psicólogo diante da vida e da morte pode ser um fator marcante para a pessoa que este acompanha, dada a sua vulnerabilidade e dependência, em um momento em que suas defesas se esvaziam, e seus valores e verdades (adquiridos) estão em profundo questionamento pela questão mais básica que a existência traz (e que muitas vezes nos negamos a ver), que é a relação íntima entre vida e morte.

Adiante serão levantadas algumas considerações sobre tal relação, como também sobre a morte e o morrer.

Psicologia Hospitalar

Fatores Ambientais como Causadores ou Agravantes do Quadro Psico-Orgânico do Paciente

Sabe-se que o Centro de Terapia Intensiva possui algumas características específicas que interferem diretamente no estado emocional do paciente.

Situações como as descritas a seguir provocam alterações no estado do paciente, tanto no nível físico (orgânico) como psíquico (emocional):

a) estresse constante do paciente;
b) tensão constante do paciente;
c) isolamento do paciente perante as figuras que lhe geram segurança e conforto;
d) relação intensa com aparelhos extra e intracorpóreos;
e) clima de morte iminente;
f) visão estereotipada de irreversibilidade do quadro mórbido;
g) perda da noção de tempo e espaço;
h) participação direta ou indireta do sofrimento alheio etc.

No simpósio sobre fatores de ansiedade no tratamento integrado do paciente, o professor Max Hamilton, da Universidade de Leeds, Inglaterra, apresenta 16 situações de distúrbios emocionais causados pela intensa ansiedade da pessoa enferma, fatores estes secundários à etiopatogenia da moléstia, mas trazem consigo um peso enorme na evolução da patologia em função justamente da ansiedade, causada pelas situações supracitadas.

Este, então, seria o grupo no qual fatores ambientais poderiam prejudicar de alguma forma a evolução do paciente. E aqui não podemos nos esquecer de que qualquer alteração no estado emocional do paciente reflete diretamente no seu quadro clínico.

Fatores Orgânicos como Reflexos Decorrentes do Período de Internação

Dentre eles, podemos citar determinados sintomas, como:

a) agitação;
b) depressão;
c) anorexia;
d) insônia;
e) perda do discernimento.

Atendimento Psicológico no Centro de Terapia Intensiva

a) Iniciando-se pela *agitação*, podemos já identificar uma reação bastante aversiva à recuperação da pessoa, pois esta traz como reflexo orgânico, somado à ansiedade, aumento da pressão arterial, dificuldades circulatórias, baixa resistência à dor. Segundo Szasz (28), a tensão aumenta a capacidade de atenção à dor, diminuindo o limiar e a excitabilidade da pessoa, bem como, em muitos casos, bloqueando até a absorção de certas drogas.

b) A *depressão* entraria como uma instância final no quadro psíquico evolutivo do enfermo, cujos mecanismos de defesa, como a racionalização, a negação e a projeção, veem-se falidos, apresentando-se uma apatia à vida e a persistência de fantasias mórbidas, muitas vezes evoluindo negativamente até a morte sem uma explicação técnica plausível.

   Devemos ressaltar aqui que certos distúrbios orgânicos, principalmente hidrolítico, como metabolismo do potássio, podem trazer quadros de depressão, mas com conotação orgânica, basicamente pela inibição de áreas do sistema límbico. As depressões possuem ainda outros aspectos e fatores desencadeantes, parte deles já mencionados anteriormente.

c) Devemos ressaltar que a *anorexia* acompanha, muitas vezes, a depressão, sendo também uma forma de agressão autodirigida. A agressividade autodirigida é ditada por Muniz em sua obra *O Tratamento da Angina e do Enfarto* (8), associada a uma espécie de projeção dos próprios sintomas ao meio, "nada está bom", "a cama é ruim", "a comida é péssima", "a enfermagem não atende direito". A pessoa torna-se de difícil contato e passa a reclamar e solicitar a todos o tempo todo, muitas vezes negando a sua própria patologia ou não a encarando como realidade presente.

   A agressividade autodirigida e as manifestações de depressão, sobretudo as mascaradas, compõem um dos quadros psicológicos mais perniciosos para o paciente internado no CTI, devendo sempre ser levada em conta e feita intervenção psicológica. Estímulos positivos, catarse, elaboração dos conflitos, desmistificação de fantasias mórbidas, confronto com os sentimentos de impotência e morte iminente que, entre outros, podem estar associados àquelas sintomatologias, de forma a evitar-se o agravamento do quadro emocional do paciente e, por consequência (nesses casos direta) de seu quadro clínico como um todo.

d) Ao falar de *insônia*, estamo-nos referindo aos fatores supracitados, nos quais podemos ter como causadores da mesma a agitação, a ansiedade etc. Importante destacar que, nos quadros de depressão maior, a insônia é um dos sintomas mais proeminentes;

Psicologia Hospitalar

destaca-se o fato de o sono estar, para certos pacientes, associado à morte, e o medo desta impõe o quadro de insone.

e) *A perda de discernimento* tem já um aspecto mais sério do ponto de vista psicodinâmico. Temos um quadro peculiar dos CTIs, principalmente daqueles que apresentam ambiente totalmente artificial, sem luz do dia e sem alterações significativas em sua rotina (diurna e noturna).

A cadência de atividades constantes no CTI, nas 24 horas do dia, a rotina repetida inúmeras vezes, o acordar e dormir intermitente do enfermo, a ausência de contato com o mundo externo, a falta de uma conversa, de orientação, acabam trazendo para a pessoa, com mais de três dias de CTI, uma perda inicial de noção de tempo cronológico, que, aos poucos, vai se agravando com a perda da consciência de tempo e espaço físico e psicológico [segundo Jaspers (9)], de tal forma que comportamentos estranhos começam a aparecer. Frases desarticuladas, fuga de ideias, atitudes obsessivas, ocorrendo não raro derivações para quadros delirantes e desconfigurações da imagem perspectiva real. Nota-se que a alteração sensoperceptiva inicia-se pela ausência de estímulos simples, como o contato com o dia e a noite, e vai se agravando à medida que o próprio ciclo circadiano do paciente passa por processo de desorganização em função da ausência de atividades, da ação de fármacos, das oscilações de consciência, da falta de estímulos específicos à pessoa etc.

Esse quadro, que se denominava de Síndrome de CTI, carece de atenção especial, cuidado este sempre que possível preventivo, buscando a integridade psíquica do enfermo por meio de um contato e orientação constantes, trazendo-lhe a importância de sua colaboração na evolução produtiva de seu quadro.

Estimulação visual, reforçar o paciente a executar atividades de que goste e tenha condição de desempenhar, visita orientada de familiares, informações sobre o mundo externo que lhe possibilitem contato com outras coisas que não a doença são pequenas medidas que podem prevenir esse quadro.

O Paciente Ansioso[7]

A ansiedade é o sinal do perigo da mente, um sinal que se manifesta em presença de um problema. Como sinal, a ansiedade é análoga à dor e tão importante quanto esta. O homem

---

7 - Extraído, adaptado e complementado a partir de Bird, B. (1), *Conversando com o Paciente.*

Atendimento Psicológico no Centro de Terapia Intensiva

não pode viver normalmente sem sentir ansiedade. Este sentido de ansiedade, em geral captado apenas como uma sensação, se manifesta, deixando-nos inquietos, preocupados, assustados, ou de algum modo ameaçados.

Desse modo, incapazes de remover na prática a enfermidade ou a ansiedade, procura-se a melhor saída: tenta-se eliminar ambas mentalmente. Outra coisa que se pratica, quase sempre com algum êxito, é desligar a ansiedade da enfermidade e transferi-la para um problema menos importante ou para outro no qual se possa fazer alguma coisa.

Essa distorção, negação e deslocamento de sintomas físicos pode fazer um paciente sentir-se melhor, mas no processo evolutivo o quadro clínico pode ser de tal modo alterado que o médico se perderá. Este é o motivo pelo qual, conversando com o paciente ansioso, só é possível levantar um quadro verdadeiro da doença quando a ansiedade do paciente é recolocada em uma perspectiva adequada à sua enfermidade.

Lembre-se também de que a resposta ansiosa do paciente à enfermidade atual nunca se deve apenas àquela afecção. A ansiedade é histórica. Todas as experiências passadas com doença ou outros perigos, similares ou não, tendem a acumular-se na atual. É deste modo que cada pessoa gradualmente constrói sua maneira característica de reagir à enfermidade e à ansiedade que ela provoca.

O conhecimento das reações características dos pacientes pode, com frequência, ajudar a equipe a julgar rápida e precisamente a seriedade de suas afecções.

O fato de que a ansiedade tenha raízes históricas também possibilita explicar um pânico "inexplicável" do paciente em resposta a uma enfermidade ou a um procedimento médico menor; o problema atual e sem importância assumiu o lugar de uma experiência mais terrível de uma época anterior, talvez de um período esquecido da infância, uma experiência que há muito está encapsulada e que, exceto por ocasião da ameaça atual, assim permaneceu durante anos. Em vista da ligação direta da ansiedade com o passado, é sempre útil suspeitar, no caso de qualquer ansiedade inexplicável, que a reação presente do paciente está sendo influenciada por alguma coisa que aconteceu há muito tempo, ou que o paciente está reagindo assim porque está repetindo o modo como reagiu antes.

Falar com o paciente sobre suas ansiedades e sentimentos não expressos ou mesmo desconhecidos reduz imediatamente o poder nocivo destes. As ideias que pairam mudas no ar são tremendamente ameaçadoras porque não conhecem limites. Colocadas em palavras, podem ser examinadas como um objeto, no qual equipe e paciente podem enxergar seu perigo e, assim, ficar bastante neutralizado.

A ansiedade é profundamente rica em máscaras. Um de seus disfarces comuns é uma simples troca de nomes, como, por exemplo, "sinto-me nervoso, tenso, fraco, assustado,

45

Psicologia Hospitalar

apreensivo, instável, deprimido, aborrecido, inquieto, preocupado, ou, então, fico acordado de noite, não consigo comer, dormir ou tomar uma decisão". O paciente usa centenas de palavras em lugar de ansiedade, e alguns profissionais estão prontos a acreditar que quem usa essas palavras não está ansioso, apenas um pouco nervoso, tenso, aborrecido. Não é verdade, a ansiedade inclui todas.

Talvez o outro disfarce comum da ansiedade é sua representação como um sinal ou sintoma corpóreo. Esse disfarce pode trazer problemas, sobretudo para o médico que se sente mais à vontade com as queixas físicas do que com a ansiedade.

Contudo, rotular esses sintomas físicos meramente como "emocionais" ou "funcionais" ou "ansiedade" é um erro de igual proporção. Para o paciente, esse tipo de rótulo é uma acusação que se sente obrigado a refutar e da qual se defende.

Por que não pensar nesses sintomas físicos como o medo de expressar e mostrar ansiedade do paciente? Por que não imaginar que o fato de ele contar ao médico essas reações físicas a situações tensivas é seu modo de lhe dizer que se sente ansioso diante delas? (Salienta-se aqui o uso do mecanismo de conversão, muitas vezes utilizado como forma de manifestação do sentimento de ansiedade e ameaça.)

A ansiedade também se esconde por trás de outras emoções: os pacientes que se tornam extremamente irritáveis, agressivos, podem estar reagindo a uma situação subjacente produtora de ansiedade.

Outros pacientes, em resposta a situações assustadoras, recolhem-se e tornam-se frios, paralisados e mudos. Essa reação ao perigo em geral significa um conflito entre a dependência passiva da pessoa e sua agressividade violenta: um conflito que o leva a um estado de paralisia.

O CTI, por todos os aspectos já descritos, destina-se a ser um grande gerador de situações ansiógenas, a começar pelo seu próprio estereótipo, como mencionou-se anteriormente.

Pode-se então deduzir que todos esses componentes gerados pela ansiedade, descritos pelo Dr. Bird (1), têm, no CTI, condições absolutamente exacerbadoras, gerando com isso reações emocionais das mais variadas. Mister salientar que vivências ansiógenas intermitentes de longa duração e/ou grande intensidade são uma das principais causadoras da Síndrome Geral de Adaptação (SGA) e das Doenças de Adaptação (DA) tão bem identificadas por Selye (10). A experiência de internação no CTI pode gerar no paciente, por causa desses fatores, prejuízos físicos e emocionais enormes que, quando não considerados, pois reações aparentemente secundárias ao quadro mórbido que deu origem à sua internação, vão gerando um estado geral de falência diante do sofrimento de tal monta que acabam por entremearem-se com a patologia de base mesma do paciente. Considerando os conceitos de Selye (10), o CTI favorece sobremaneira a evolução do estado de alarme para o de esgotamento muito rapidamente, fato que pode passar despercebido pela equipe em função, até, de toda atenção que o quadro de base exige desta.

O Paciente Agressivo[8]

"A agressividade, deve-se lembrar, não é uma ocorrência patológica, nem rara: todas as pessoas algumas vezes se tornam agressivas."

Há um aspecto da agressividade muito importante, sobretudo ao considerar a saúde e a enfermidade: a agressividade pode estar implicada em todos os atos e incidentes da vida humana. Nenhuma situação vital elimina a possibilidade de um sentimento, pensamento ou ato de raiva. Desde o nascimento até a morte, não há nada que não possa despertar em nós um sentimento de raiva. Não há nada que possamos fazer que não tenha, pelo menos parcialmente, uma motivação agressiva.

A agressividade, basicamente, é uma proteção. É a força que, muito mais que apenas o medo, permite progredir. O medo ou a ansiedade é um sinal, uma experiência sensorial, um aviso de perigo e, assim, é essencial para qualquer atitude autoprotetora. Em si, o medo não protege. O que o faz é uma ação ofensiva ou defensiva. Tal ação não é suficiente, exceto na medida em que o acesso à agressividade é significativo. A agressividade é que dá ao ato sua energia.

Tudo que pode e deve-se saber, em regra, é que, em larga medida, a agressividade é histórica e não "causada" pelos procedimentos e palavras da equipe, pelo que esta diz ou faz. Alguns pacientes têm reações físicas: balançam a cabeça, se contraem, ou às vezes mergulham em um silêncio ou respondem com monossílabos guturais. Outros pacientes apresentam poucas alterações físicas e descarregam tudo pelas palavras.

Os detalhes de como os pacientes exprimem a agressividade e do que os leva a isso não são tão importantes para a equipe como seu reconhecimento de que boa parcela da atual agressividade se origina do passado e se dirige contra a equipe apenas porque estes agora representam alguém ou alguma coisa desse passado que os ameaça. Basicamente uma atitude projetiva.

A agressividade dirigida ao ambiente poderia, então, ser interpretada como uma forma de o paciente tentar proteger-se não só das agressões que sente que o meio lhe impõe, mas também das agressões que a doença e seus sintomas estão lhe causando.

---

8 - Extraído, adaptado e complementado a partir de Bird, B. (1), *Conversando com o Paciente.*

Psicologia Hospitalar

É de suma importância destacar aqui dois pontos relevantes nos quais a manifestação da agressividade tem características peculiares.

O primeiro, que desafortunadamente aparece com uma frequência bastante alta nos hospitais do Brasil, está ligado à manifestação agressiva como atitude reativa à situação de profunda ansiedade, tensão e frustração; refere-se aqui principalmente àquelas situações em que o paciente, por exemplo, aguarda um exame importante ou cirurgia (com fantasias, medo, expectativas) e, após tricotomia, enteroclisma ou um longo período de jejum, descobre que o procedimento foi adiado ou cancelado. Muitas vezes o aviso é dado tardiamente, sem outras explicações, e sem, sobretudo, permitir-se que o paciente manifeste suas emoções em relação ao ocorrido. Nesses casos, explosões de raiva, acompanhadas de gritos, palavrões, ofensas dirigidas ao Hospital, equipe ou ao profissional que está à sua frente são comuns, ressalte-se aqui, mais saudáveis do que aquela pseudorresignação, que, embora não incomode a equipe, processa estragos de forma sub-reptícia, importantíssimos, na autoconfiança do paciente, em sua confiança e aceitação da equipe, do tratamento, e em sua disponibilidade e vontade de tratar-se e ajudar-se.

Outra manifestação específica de agressividade está ligada à fase de revolta, apresentada por E.K. Ross (4,6) em seus estudos sobre as reações do paciente diante da morte: inconformismo, isolamento, acusações, refratariedade ao contato são algumas das manifestações dessa fase, e cabe ressaltar-se aqui que ela pode aparecer em outras situações críticas específicas além da de morte iminente: por exemplo, no processo de elaboração do luto pela amputação de um membro ou extirpação de órgão do corpo, situações igualmente frequentes no CTI. Mais uma vez, orienta-se aos interessados que consultem o roteiro bibliográfico de estudos, no fim do presente capítulo, para aprofundamento no tema.

Nunca é demais lembrar que toda e qualquer reação do paciente tem, como elemento básico, seu universo simbólico, suas vivências e principalmente a forma particular como ele está encarando e elaborando o episódio conflitivo de doença, internação e tratamento, que vive no seu aqui e agora, determinado pela sua historicidade, pelas variáveis socioambientais que o cercam e pelas relações entabuladas entre a equipe, a família e o próprio paciente.

O Paciente com Agressividade Latente[9]

O que se disse é suficiente quanto à agressividade expressa. Mas, e quanto à agressividade que o paciente apresenta, mas não mostra? Ou à agressividade latente, mas da qual não tem

---

9 - Extraído, adaptado e complementado a partir de Bird. B. (1), *Conversando com o Paciente.*

consciência? É mais fácil, de certo modo, fazer algo perante uma agressividade aberta. Não é sem razão que se evita despertar um cão adormecido; além disso, os próprios pacientes podem não querer reconhecer a própria agressividade. Contudo, quando se vê alguma coisa que parece agressividade em um paciente, uma tentativa de conduzi-la para uma expressão clara pode ser de grande valor. E isto porque os sentimentos fortes, de qualquer natureza, quando não expressos, podem perturbar o pensamento lógico e o comportamento razoável e, assim, conturbar as tentativas de diagnóstico da equipe e de como tratar tal paciente. Com frequência – talvez mais do que se imagina –, esses sentimentos estão em tal profundidade que escapam ao poder da equipe de alterá-los, mas, algumas vezes, poucas palavras funcionam. Mostrar-se disponível e interessado pelos sentimentos do paciente auxilia a manifestação destes, favorecendo assim o afloramento daquela agressividade que de forma latente pode gerar alterações importantes, como episódios de somatização ou crises conversivas. Salienta-se aqui que a atenção ao conteúdo do discurso do paciente é fundamental, pois não é raro esse discorrer sobre seus medos, raivas, ressentimentos de forma figurada, por exemplo, falando da situação do país, contando um caso que ocorreu com outrem e que aparentemente não tem nada a ver com ele ou seu estado de saúde, mas que conta de forma cifrada a manifestação desses sentimentos latentes.

Outra forma de agressividade latente é a do tipo em que melhor seria chamá-la de "fúria".

Entre adolescentes e jovens adultos, é bastante comum esse tipo de fúria interior, a qual parece estar por trás de alguns de seus inexplicáveis comportamentos e problemas pessoais. Em alguns casos, a expressão do sentimento é clara, ao passo que, em outros, é reprimida.

Alguns fatores comportamentais podem contribuir para a repressão da agressividade em pacientes internados, onde se destaca também o receio de não ser aceito pela equipe. A necessidade de apoio e aceitação leva o paciente, não raro, a evitar demonstrar seus sentimentos à equipe, principalmente os sentimentos ligados à raiva e à hostilidade por temer, em suas fantasias, represálias por parte desta. Essa atitude contribui para o agravamento do quadro emocional do paciente, e em alguns casos a equipe é corresponsável pelos sentimentos, pois se coloca distante do paciente ou inconscientemente reforça as atitudes inacertivas dele. Os sentimentos que o paciente pode suscitar na equipe também devem ser alvo de observação e reflexão, para que se evite atuar contratransferencialmente na relação.

Aqueles jovens que procuram o médico em geral têm uma agressividade reprimida ou latente, aqueles que fazem tudo para não agir segundo seu impulso agressivo ou, quando agem, tendem a atacar-se. São esses jovens que adoecem física e mentalmente e pedem a atenção do médico. Procuram-no por várias razões. Muitos são autodestrutivos e isso

Psicologia Hospitalar

sempre é uma pista para a existência da agressividade reprimida. Assim, qualquer jovem que, de alguma forma, parece fadado ao fracasso, que parece inclinar-se para o insucesso, degradação ou autodestruição, é suspeito de agressividade. A suspeita justifica-se não importando o que diz, faz ou os sintomas que apresenta à equipe.

A outra forma que esses jovens agressivos encontram para controlar sua agressividade é adoecer. Parecem ser mais suscetíveis às enfermidades orgânicas que os jovens comumente saudáveis e, neste particular aspecto, desenvolvem sintomas psicossomáticos e reações histeriformes e depressivas.

Pacientes Suicidas no CTI

Discorrer sobre o suicídio e a tentativa de suicídio de forma mais abrangente levaria o presente texto a sair de seu propósito. O suicídio representa um capítulo à parte nos estudos dos distúrbios psicológicos. Ater-se-á aqui ao episódio da pessoa que tentou suicídio no período em que esta, quando é o caso, passou pelo CTI.

Atentar contra a própria vida não pode ser considerado um evento normal na história da pessoa, e raramente essa situação ocorre em função de um episódio isolado dessa mesma história. O que se quer dizer é que, ao atender uma pessoa que tentou suicídio, mais até do que em outros casos, a equipe e, particularmente, o psicólogo, devem estar atentos ao todo da pessoa.

Consideraremos para fins didáticos e de avaliação clínica a tentativa de suicídio aparecendo dentro de duas modalidades, considerando-se os critérios de Levy (11): o suicídio (tentativa) ativo e o suicídio (tentativa) passivo.

Na primeira modalidade, tem-se o grupo de indivíduos que deliberada e objetivamente atenta contra a própria vida. Nos CTIs encontramos inúmeros casos, como intoxicações exógenas. No Brasil predominam a ingestão de psicofármacos e de outros produtos químicos, por exemplo, a soda cáustica, seguida de inalação de gás, cortes no corpo (predominantemente pulsos), uso de armas de fogo, quedas ou a provocação deliberada de acidentes, dentre tantos.

Nesses casos o paciente chega ao CTI, quando a gravidade das lesões ou problemas gerados no organismo são de tal monta que inúmeros cuidados serão necessários para tentar sua recuperação. Na maioria das vezes esses pacientes dão entrada no CTI via Pronto-Socorro, inconscientes, podendo voltar gradativamente à consciência depois de algum tempo (às vezes dias depois de sua admissão).

Cabe à equipe alguns cuidados imprescindíveis, e obviamente o primeiro deles é a atenção direta sobre o risco de morte que a tentativa provocou, mas complementando

Atendimento Psicológico no Centro de Terapia Intensiva

essa atenção é muito importante obter dados do paciente por intermédio da família e/ou acompanhantes, e assim que possível iniciar contato com o próprio paciente. Os dados da história da pessoa já possibilitam ter uma primeira hipótese sobre o perfil psicológico desta e o grau de riscos que iremos enfrentar caso ela retome a consciência e venha a recuperar suas funções vitais tanto físicas quanto psicológicas. O que significa, nesse primeiro momento, atuar preventivamente sobre o risco de nova tentativa ainda no CTI.

Vários fatores podem levar o indivíduo a atentar contra a própria vida, desde distorções severas na estrutura da personalidade, em que as pulsões tanáticas são fortíssimas, encaixando-se nesses casos distúrbios de ordem psicótica, até questões psicopatologicamente menos graves, mas nem por isso menos críticas, como o suicídio de balanço, como salienta A. Garma (12), ou a tentativa de suicídio por intenções manipulativas histeriformes, muito frequentemente observadas em adolescentes.

No primeiro caso, o grau de morbidez da estrutura psíquica do paciente é bastante comprometido, seus antecedentes pessoais apontam claramente para um perfil psicótico, cabendo então à equipe vigilância mais atenta ao paciente durante a internação, e encaminhamento e acompanhamento psiquiátrico tão logo seja possível. Nos casos de pacientes portadores de depressão maior, o diagnóstico diferencial da depressão e intervenção medicamentosa e psicoterápica são fundamentais. Importante frisar nesse particular que o período entre o início da medicação antidepressiva até aproximadamente 30 dias após este é o mais crítico. Estatísticas indicam um aumento no risco de tentativa de suicídio nesse período da ordem de 80%.

Já nos grupos de indivíduos que podem ser enquadrados nas duas últimas modalidades supracitadas, cabe ressaltar que, inúmeras vezes, a vivência de morte iminente e toda mobilização, tanto pessoal quanto familiar que o ato gera, pode levar a uma reavaliação de sua opção. Observa-se como processo frequente nesses casos uma profunda angústia, sentimentos de fracasso, culpa, revolta, autopiedade. Processo esse que deve receber imediatamente atenção psicológica, com o objetivo principal de auxiliar o paciente a reelaborar suas vivências, valendo-se o terapeuta inclusive do momento de grande fragilidade e ausência ou enfraquecimento de suas defesas, de maneira a buscar-se novas alternativas de vida com a pessoa. Imprescindível lembrar que o processo de acompanhamento não pode limitar-se ao período de internação no CTI e que, na maior parte das vezes, deve ser extensivo ao grupo familiar do paciente.

Este também se encontra mobilizado experimentando sentimentos dos mais diversos, como culpa, impotência, raiva, conflitos interpessoais etc. Sabe-se que em grande parte dos casos a família teve e terá participação importante no processo de relação do paciente com a vida. A intervenção psicológica o mais breve possível torna-se então parte integrante do tratamento. É importante, igualmente, nesses casos ressaltar também que o período em que o paciente permanece no hospital, normalmente determinado unicamente pelo aspecto biológico, deve ser aproveitado ao máximo, inclusive na detecção dos focos conflitivos que levaram a pessoa a optar pelo suicídio e na sensibilização desta e de sua família para a continuidade do acompanhamento psicológico pós-alta. É relativamente alta a incidência de casos em que após a alta tanto o paciente quanto a família buscam negar e ocultar o fato dos outros e de si mesmos, gerando uma espécie de "pacto de silêncio" sobre o ocorrido, mas nem por isso os fatores desencadeantes do evento são resolvidos, o que faz com que se mantenham os mesmos componentes conflitivos, no paciente e em seus núcleos vinculares, mantendo assim o risco de nova tentativa bastante evidente.

A segunda modalidade mencionada é a do suicídio passivo.

Aqui se encontram aqueles pacientes que literalmente desistiram da vida, pessoas desesperançadas, não raro depressivas, que não enxergam possibilidades quantitativas e qualitativas para a sua existência. Esse tipo de paciente é encontrado em maior grau naqueles portadores de patologias crônicas.

O suicídio passivo é observado pelas atitudes autodestrutivas indiretas, como: a negligência ao tratamento, a não observância das orientações médicas, a insistência em realizar atividades ou outras ações contraindicadas para seu quadro clínico e frequentemente o abandono puro e simples do tratamento. São pessoas cuja atitude de autoabandono permeia o cotidiano. Em alguns casos, independentemente das perspectivas prognósticas, essa atitude passa a dominar o indivíduo, dificultando sobremaneira a intervenção da equipe de saúde.

São indivíduos que precisam muito da atenção e da solidariedade da equipe e da família, mesmo que demonstrem indiferença ou revolta diante dessas tentativas de aproximação. O psicólogo deve estar atento a qualquer manifestação motivacional do paciente para utilizá-la como elemento de estímulo. É importante estar consciente de que a pior armadilha para a equipe de saúde é entrar na mesma sintonia do paciente e, por consequência, "abandoná-lo" também. O trabalho com esse paciente mostra-se na maioria das vezes árido e pouco compensador, não obstante os esforços dos que o cercam. No entanto, a busca de uma relação qualitativa melhor com a existência não pode abandonar as intenções da equipe, independentemente do tempo suposto de sobrevida do paciente ou do péssimo prognóstico que seu quadro tem.

Sabe-se, pela prática clínica, que um paciente que desiste de ajudar-se, independentemente de seu quadro clínico, tem reduzidas, em muito, suas perspectivas reais de sobrevida.

Fica, portanto, o alerta a toda equipe que trabalha com pessoas que entraram nesse estágio. Perseverança, solicitude e compreensão são instrumentos indispensáveis para a tentativa de ajuda à pessoa que por tanto sofrer desesperançou-se de si mesma.

O Paciente com Alterações do Pensamento e Senso-Percepção: Considerações Gerais[10]

O rompimento com a realidade e alterações na capacidade senso-perceptiva e/ou de interpretação do percebido provoca os delírios e as alucinações.

Os delírios e alucinações do delírio, não importando o seu grau de bizarria, tendem a ser simples, diretas tentativas simbólicas de negar o conflito real do paciente. Seu conteúdo simbólico, em geral, tem um objetivo direto de satisfação de um desejo, que serve não apenas aos problemas atuais obscuros, mas para criar falsas curas e crenças que são o oposto, em alguma forma, da situação atual. Por exemplo, um paciente intoxicado, que está confuso e desorientado, e cuja capacidade intelectual sofreu uma interferência temporária, pode experimentar delírios de que é um gênio matemático.

Mesmo quando os delírios e alucinações do estado delirante são desagradáveis, eles tendem a ser uma tentativa de encobrir problemas reais que são ainda mais desagradáveis.

Sempre se deve supor que há problemas reais, do aqui e agora, em um paciente delirante. Problemas que são físicos, químicos ou psicológicos, ou uma combinação dos três.

Não desanime ante a complexidade e a falta de sentido do estado delirante. Com algum tempo e um pouco de habilidade, o sentido pode ser encontrado mesmo nas aberrações graves.

Não procure causas isoladas. Raramente há apenas uma. Há, em geral, vários fatores em jogo para trazê-lo à tona. A febre é um agente comum, tão comum que a maior parte de nós, durante uma febre alta, sofre pelo menos alguma interferência no funcionamento mental. As toxinas produzidas por algumas moléstias são outra causa, e todas as enfermidades "tóxicas" tendem a afetar a mente, provocando delírios. As substâncias tóxicas introduzidas no organismo podem igualmente produzir alterações no juízo da realidade (pensamento) e/ou no senso-percepção. O álcool, por exemplo, talvez seja um dos agentes mais comuns do estado delirante, e o "delirium tremens" talvez seja a forma do estado de delírio mais espetacular e letal. A fadiga, os traumas orgânicos e a fome são outros agentes importantes.

---

10 - Extraído, adaptado e complementado a partir de Bird, B. (I), *Conversando com o Paciente*.

Psicologia Hospitalar

Os fatores psicológicos, embora de grande importância etiológica, são muitas vezes subestimados. Procurados e reconhecidos, podem ser inestimáveis não apenas para compreender a razão do estado delirante, mas para orientar bem o seu tratamento. Deste modo, vale sempre a pena procurar choques psicológicos, tensões e sentimentos de perda. Talvez as situações psicológicas mais dignas de atenção sejam os fatos que ameaçam ou interrompem o contato do paciente com seu próprio mundo particular, sobretudo aquilo que o afasta das pessoas, lugares e objetos familiares, e do fluxo de seus estímulos próprios.

Muito significativo o fato de ter-se observado inúmeros casos de pacientes portadores de patologias graves, com prognóstico reservado, que, após passarem por um período anterior de extremo sofrimento físico e emocional, entraram em quadro de dissociação, com alterações primárias importantes na afetividade, consciência do EU e Pensamento, seguidas de alucinações, em que o surto aparece como uma forma de defesa derradeira do paciente diante da ameaça real e inexorável de aniquilação (13).

Nesses casos, deve-se observar principalmente dois aspectos fundamentais, a saber:

a) O aparente quadro de confusão do paciente revela no conteúdo de seus sintomas produtivos (delírios e alucinações) toda a realidade clara e nua de seu pavor de aniquilação. A figura da morte, do sofrimento, das perdas irreversíveis, da impotência absoluta, da total falta de perspectivas existenciais aparecem claramente no discurso e nas descrições perceptivas "distorcidas" do paciente.

b) Geralmente, o paciente em surto incomoda e ameaça a equipe de saúde, principalmente no Hospital Geral e particularmente no CTI. A equipe de saúde tem, na maior parte das vezes, pouca intimidade com o chamado "paciente psiquiátrico", e por toda a subjetividade do quadro, as dificuldades de avaliação e intervenção são maiores, gerando, não raro, afastamento do contato com o paciente, sensação de incômodo e impotência, algumas vezes hostilidade, e também ansiedades de tal monta que levem ao desejo de "verem-se livres do paciente", precipitando condutas ou encaminhamentos.

Nesses casos, sempre é imperativo o diagnóstico diferencial feito pelo componente de saúde mental da equipe ou, na ausência deste, a solicitação de interconsulta.

A ausência dessas condutas desafortunadamente gera mais sofrimento, mais conflito, por conseguinte o agravamento do quadro, criando assim um círculo vicioso em que, em última instância, todos sofrem.

Por este motivo, os hospitais podem ser nocivos para esses pacientes. Entretanto, no hospital, o paciente fica afastado de todas as coisas das quais muitos de nós dependemos para a manutenção do bem-estar mental. O mesmo vale para a perda do contato com pessoas que lhe são queridas, assim como para a ausência do lar, da cama, do quarto, das roupas, dos alimentos, e até mesmo dos objetos pessoais. Em lugar da rotina estável e familiar, ligada às pessoas e às coisas, o paciente é jogado no meio de estranhos e de circunstâncias completamente novas. Ele pode ainda manter seu controle, mas todos os seus pontos de referência não estão lá.

Além disso, o funcionamento mental do paciente hospitalizado pode ser afetado pelas drogas e, quando isto se dá, pode haver mesmo uma perda de controle. As drogas sedativas, hipnóticas e analgésicas, administradas para manter o paciente calmo, podem ser perigosas para aqueles que possuem tendência ao estado delirante. Em lugar de promoverem o sono e o relaxamento, elas podem reduzir o nível do impacto sensorial dos estímulos externos, diminuindo assim a capacidade do paciente de manter a orientação e o contato com o que o cerca, fatos que podem levar a um estado delirante ou a episódios confusionais, com desorientação no tempo e no espaço, lapsos de memória e outros.

De qualquer maneira, quando ocorrer um estado delirante, deve-se procurar uma combinação de causas que, em conjunto ou hierarquicamente, tenha afetado criticamente a capacidade mental do paciente.

A proposta original do presente trabalho tem como principal pressuposto uma leitura multifatorial e interdisciplinar da pessoa que está à frente da equipe, e sua doença. É exatamente a soma dos conhecimentos e observações de todos os membros da equipe, médicos, enfermeiros, auxiliares, atendentes, técnicos, psicólogos, nutricionistas, fisioterapeutas, assistente social e até mesmo (importante ressaltar) o pessoal de apoio, como copeiras, faxineiras etc., que na sua observação e contato com o paciente podem dar pistas importantes para uma boa compreensão do fenômeno que assola o paciente e, consequentemente, nortear a conduta mais adequada para auxiliá-lo.

Distúrbios Psicopatológicos e de Comportamento no CTI

Nos Hospitais Gerais, e em particular nos CTIs, tem-se notado certa dificuldade que a equipe apresenta para lidar com pacientes de distúrbios psicopatológicos.

A própria estigmatização que a pessoa portadora desse tipo de distúrbio vem sofrendo ao longo dos anos somada ao fato de esses distúrbios terem um curso subjetivo, que foge dos conceitos cartesianos norteadores das avaliações e intervenções clínicas, acabam por agravar essas dificuldades, gerando, não raro, sérios problemas para a equipe e o paciente.

Destacar-se-ão neste capítulo alguns dos quadros psiquiátricos mais frequentemente observados no CTI.

Psicologia Hospitalar

NOTA: Aborda-se especificamente os transtornos de ordem psicótica, considerando-se os critérios classificatórios desse grupo de patologias, segundo Schulte e Tolle (14).

Geralmente, o que mais mobiliza e dificulta o trabalho da equipe de saúde são os quadros que vêm acompanhados, sobretudo, dos sintomas produtivos ou secundários, como delírios e alucinações, acrescidos de agitação psicomotora, furor e confusão mental.

Esses sintomas, na verdade, podem aparecer em diversos quadros de forma conjunta, ou em grupos, o que obrigaria a equipe a estabelecer antes de qualquer intervenção diagnóstico-diferencial.

Também nos quadros depressivos maiores (depressão patológica) tem-se problemas associados à tentativa de suicídio e à apatia e autoabandono do paciente, fatores que incidem diretamente sobre o quadro clínico, podendo agravá-lo ou levar o paciente à morte.

Tratar-se-á, então, de classificar os grandes grupos de transtornos de forma a facilitar a avaliação do paciente.

I – PSICOSES ENDÓGENAS

Destacam-se nesse grupo principalmente as Esquizofrenias, a PMD, a Melancolia Involutiva e a Personalidade Psicopática.

Nas esquizofrenias, particularmente em suas subformas Paranoico Alucionatória e Hebefrênica, a exuberância dos sintomas produtivos é muito frequente, com delírios persecutórios, delírios de referência, alucinações auditivas (predominantemente) e visuais; confusão mental, salada de palavras e outros distúrbios graves envolvendo pensamentos, afetividade e consciência do EU também estarão presentes. Raramente esses episódios ocorrem como primeiro surto no CTI; temos história pregressa de paciente com outros surtos, não raro internações psiquiátricas, narrativa da família e/ou acompanhados de estranhezas de comportamento do paciente.

A obtenção desses dados é fundamental para fornecer as primeiras pistas para o diagnóstico diferencial. Imprescindível também na anamnese saber-se do uso de psicofármacos por parte do paciente, que, caso sejam suspensos, podem reincidir o surto. Cabe aqui à equipe médica avaliação dos riscos e, sobretudo, de como combinar o tratamento clínico de urgência que motivou a internação no CTI com a psicopatia que interinfluencia o comportamento do paciente e/ou a própria patologia que é o alvo das atenções.

Outros quadros de psicoses endógenas, como a fase maníaca da PMD e a Personalidade Psicopática, quando presentes no paciente internado no CTI, trazem algumas vezes problemas, sobretudo na esfera do relacionamento entre equipe e paciente. Por se tratar de processo em que existe elação do humor, grandiloquência, delírios de grandeza (em alguns

Atendimento Psicológico no Centro de Terapia Intensiva

casos), inquietação (podendo atingir até a agitação psicomotora), impulsividade intensa, amoralidade, dentre outros sintomas, esses pacientes tendem a ser negligentes com o tratamento, mobilizam muito as atenções sobre si mesmos, polemizam, criam conflitos entre a equipe, manipulam funcionários e pacientes, gerando clima de atritos e desentendimento. Normalmente são refratários à abordagem psicológica e não possuem nenhuma crítica sobre seu estado psicopatológico. Algumas medidas podem auxiliar a equipe a lidar com o problema, observando os jogos que o paciente tenta impor nas suas relações, procurando não incentivá-los. A indicação medicamentosa específica é, em muitos casos, necessária, e é importante dar-se limites ao paciente, sem, no entanto, entrar em confronto com este. O psicólogo deve estar atento à dinâmica do quadro e atuar também orientado às pessoas que têm contato com o paciente sobre a forma de interatuar com este.

II – PSICOSES EXÓGENAS

Uma gama bastante significativa de eventos sobre o metabolismo ou a fisiologia do corpo podem gerar, como sintoma complementar, alterações de comportamento, senso-percepção, humor, pensamento, consciência do EU, memória etc.

Quadros toxêmicos, infecciosos, obstrução hepática, septicemias, alterações abruptas da PA, descompensações do equilíbrio hidroeletrolítico, comprometimentos na absorção de O_2 no SNC são algumas causas possíveis dessas alterações.

Temos ainda intoxicações exógenas por produtos químicos diversos e comprometimentos gerados por reações a determinados tipos de fármacos, alguns inclusive utilizados no próprio tratamento do paciente.

Esses quadros são classificados em três subgrupos:

a) *Psicoses Sintomáticas:* Como o próprio nome sugere, o surto aparece como sintoma de um quadro de base maior, associado a alterações metabólicas, como por exemplo septicemias ou déficit na absorção de O_2 pelos neurônios, como ocorre em alguns casos em que houve circulação extracorpórea no processo cirúrgico. Esses episódios devem ser detectados pela avaliação clínica do paciente, considerando seu histórico psicopatológico pregresso (que normalmente não tem dados significativos pré-mórbidos), o contexto fisiológico e metabólico do paciente e as características do surto, que aparecem abruptamente, mantendo estado de consciência do EU e juízo de realidade oscilante. O tratamento deve sempre buscar o saneamento das causas físicas (infecção, hemólise etc.), cabendo ao psicólogo intervir em três momentos específicos, a saber:

- no diagnóstico diferencial com a equipe;
- na atenuação do surto, principalmente quando este é acompanhado de agitação psicomotora e confusão mental. Sabe-se que esses eventos podem provocar alterações no paciente e, considerando-se a delicadeza de seu quadro, o próprio paciente pode comprometer sua reabilitação. Uma das técnicas utilizadas nesses casos é a de entrar no surto atuando com o paciente, buscando aos poucos introduzir dados de realidade em seu discurso, procurando acalmá-lo e possibilitando à equipe tempo para as medidas necessárias para atenuação do quadro;
- o terceiro momento de atenção refere-se ao auxílio de que o paciente precisará, após a remissão do surto, para a reorganização de vivência, posto que na maioria das vezes este mantém na memória o episódio confusional e essa experiência ativa seus sentimentos de amargura, insegurança e ameaça, afinal, um episódio de "loucura" é um dos eventos mais temidos por boa parte das pessoas, e a sensação de fragilidade egoica passa a agir como ameaça constante.

b) *Psicoses Tóxicas:* provocadas por intoxicações exógenas, ligadas à ingestão de drogas ou substâncias químicas. Observadas em alguns casos de tentativa de suicídio e principalmente no uso de drogas psicodislépticas, como a psilocibina, a dietilamida do ácido lisérgico, a heroína, e de algumas drogas psicoanalépticas, como o crack, a cocaína e os anfetamínicos, muitas vezes associados a outros fármacos, como o álcool. Esse último merece uma atenção especial em virtude do grande número de pessoas portadoras da doença do alcoolismo.

Observa-se em CTIs gerais internações de pacientes politraumatizados vítimas de acidentes, quedas, atropelamentos, acidentes automobilísticos etc. Em geral, o paciente é atendido nos Prontos-Socorros e, uma vez constatada a gravidade do caso, encaminhado ao CTI. Por se tratar de atendimento de urgência e de inúmeras vezes o paciente encontrar-se inconsciente ou não apresentar condições de fornecer dados à equipe, seguem-se os procedimentos de urgência, deixando para outro momento a anamnese mais detalhada do paciente. Dentre esses pacientes podemos encontrar alcoólatras crônicos, que, ao retomarem a consciência já no CTI, depois de algum tempo de internação, entram em síndrome de abstinência ou, em outros casos, em "delirium tremens".

A síndrome de abstinência do álcool é um quadro bastante claro, devendo ser avaliado pela equipe para que medidas complementares ao politraumatismo sejam tomadas, inclusive procurando evitar o agravamento deste. Os principais sintomas de síndrome de abstinência alcoólica são: tremores de extremidades, desorientação auto e alopsíquica, queixas de dores de MIS, alterações da senso-percepção com predominância de alucinações tácteis e visuais (zoopsias), agitação psicomotora e ideias persecutórias. As medidas terapêuticas nesse momento são médicas: desintoxicação, uso de metaqualona ou administração controlada de álcool para retirada gradativa deste, e outras a critério do clínico que estiver avaliando o paciente. Obviamente esse trabalho deve levar em consideração o quadro clínico geral do paciente.

Ao psicólogo cabe a avaliação no diagnóstico diferencial e trabalho inicial, ainda no CTI, de sensibilização para tratamento específico de alcoolismo e encaminhamento posterior à alta a serviço especializado.

c) *Psicoses Organocerebrais:* desencadeadas a partir de processo gradativo de deterioração ou comprometimento funcional do SNC. Esse grupo de psicoses exógenas é de prognóstico mais reservado, gerado por expansão de tumores no cérebro, processos infecciosos meníngeos, deterioração dos sistemas de condução neural (na demência alcoólica e demência epiléptica, por exemplo), entre outros. Predominam, como sintomas psíquicos, confusão mental, fuga de ideias, delírios, crises de agressividade, desorientação auto e alopsíquica, despersonalização, labilidade afetiva. O quadro de base nesses casos é claro pela evolução clínica do paciente, que mormente se arrasta ao longo de vários anos com o processo psicótico se instalando gradativamente. Em alguns casos de tumores cerebrais, pode-se ter o aparecimento dos distúrbios psiquiátricos antes de outros sintomas, dificultando a avaliação do quadro em um primeiro momento. Ainda nesses casos, alguns processos expansivos têm perspectiva cirúrgica e seu prognóstico melhorado.

Outro grupo de distúrbios psicológicos pode surgir associado aos TCEs, AVC e a outros problemas de ordem neurológica. Nesse campo em particular a neuropsicologia tem, nos últimos anos, obtido avanços significativos. Destacam-se distúrbios de gnosia e propriocepção, alterações do humor e comprometimento generalizados nas atividades mentais básicas.

Como se mencionou no início, a gama de distúrbios psicopatológicos e comportamentais é extensa e de causas múltiplas. Procurou-se aqui dar orientação geral em relação a alguns casos observados nos CTIs com maior frequência.

Recomenda-se aos interessados procurar no fim desse trabalho as Referências Bibliográficas complementares para estudos mais aprofundados (14, 15, 16, 17, 18, 26).

Psicologia Hospitalar

O Paciente em Coma no CTI

Durante muito tempo, e talvez ainda hoje, considerou-se que, sob o ponto de vista da intervenção psicológica no paciente comatoso, quer por coma traumático, quer por coma anestésico, havia muito pouco ou nada a se fazer.

Partindo-se do pressuposto de que o coma era igual à ausência de vida psíquica, o universo mental do paciente passou a ser simplesmente desconsiderado nos casos em que este se encontrava nesse estado.

No entanto, uma coletânea cada vez maior de relatos, no mínimo inquietantes, fornecidos por pacientes que saíram do coma, sobre suas vivências, ou memória de vivências, no período de coma, acrescida de pesquisas recentes sobre respostas emocionais e comportamentais do paciente comatoso, começam a apontar para outra realidade, ainda pouco conhecida, sobre a atividade mental do paciente durante o processo de coma.

O fenômeno da vida psíquica tem sido alvo de atenção mais detalhada de pesquisadores do mundo inteiro, particularmente a partir da década de 1990, considerada a década do cérebro no que tange a investimentos em pesquisas nos grandes centros de estudos do mundo, particularmente nos Estados Unidos.

Avanços significativos, que comprovam a existência de vida psíquica já no feto de 6 meses de idade gestacional, até o mapeamento tridimensional da atuação de sistemas intrapsíquicos no cérebro humano através do PET Scanner e do Squid, têm possibilitado a estudiosos das neurociências do mundo inteiro desvendar alguns dos incontáveis mistérios que envolvem o funcionamento do cérebro humano, e sobretudo começar a construção de uma ponte confiável cientificamente entre cérebro e mente. Algumas subespecialidades novas começam a surgir, como a psicologia pré-natal (19,20,21) e a neuropsicologia (22, 23, 24). Um dos segmentos desses estudos abarca o tema que ora se desenvolve e passa pela inquietante pergunta: há vida em um paciente comatoso, e se há, como detectá-la e acessá-la?

O fenômeno da consciência, que segundo Jaspers (9) pode ser considerado como "Todo o momento da vida psíquica", tem sido alvo de discussões e controvérsias entre diversos estudiosos, médicos, psicólogos, filósofos, fisiologistas, dentre outros tantos, não raro gerando muito mais perguntas do que respostas.

O fato de observar-se inúmeros relatos de pacientes saídos do coma descrevendo conversas tidas entre equipe, visitantes ou outras pessoas à volta dele, em um período em que este estava sendo considerado como inconsciente, ou de dados científicos mais contundentes, como os apresentados pelo psicólogo norte-americano Henry Bennett em

1989 (25), demonstram de forma bastante clara que o paciente sob efeito de anestesia geral não só pode captar o que ocorre à sua volta no centro cirúrgico, mas também encontra-se particularmente sugestionável às eventuais informações que absorve. Isso tudo tem levado inúmeros profissionais intensivistas a considerar outros fatores na relação com o paciente comatoso que não só o estritamente biológico.

Sob esse aspecto algumas considerações devem ser feitas:

O fenômeno que abarca o processo S→R, qual seja, a partir da entrada de determinado estímulo ou grupos de estímulos no SNC até a efetivação da resposta, tem sido alvo de atenção dos pesquisadores, na tentativa de explicar o que pode estar ocorrendo com o paciente comatoso, algo como a possibilidade de se absorver e compreender o estímulo. Não conseguir acessar os meios para a efetivação explícita da resposta pode estar no cerne das avaliações inexatas que às vezes se faz do paciente em coma, até porque se obtêm dados da consciência pelas respostas e grau de sofisticação destas.

De forma esquemática tem-se:

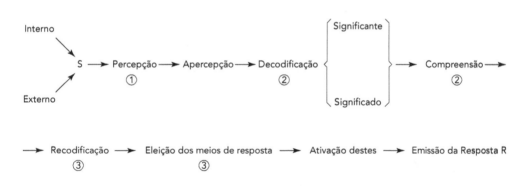

Esse processo, que se inicia a partir do acontecimento do estímulo, vai gradativamente acessando processos mentais que se iniciam por meio das Atividades Mentais Básicas, particularmente a senso-percepção: 1 - prosseguindo com a solicitação de intervenção de outros componentes do aparelho psíquico, já pertencentes ao grupo de atividades mentais superiores, como pensamento, memória, inteligência, afetividade, motivação e volição; 2 - até culminar com a ativação dos mecanismos específicos para resposta, linguagem (verbal e não verbal), respostas psicomotoras etc.; 3 - o caminho que o evento percebido e conscientizado percorre pode estar comprometido em algum nível pela patologia ou situação que gerou o coma, mas não necessariamente no momento primeiro da percepção. Pelos fatos narrados, sobre pacientes que descrevem as vivências e muitas vezes até sua angústia em

Psicologia Hospitalar

não conseguir responder, tudo leva a crer que, pelo menos nestes casos, o evento percorreu seu caminho até no mínimo a compreensão dos estímulos, mas que não houve condições de efetivar-se a resposta. Pela ausência desta, por menor que fosse, os membros da equipe foram levados a interpretar, erroneamente, a ausência de consciência, vindo esta a ser denunciada por alguns pacientes tempos depois, quando estes recobram não a consciência, como comumente se diz, mas a capacidade de responder aos estímulos. Obviamente temos inúmeros outros casos nos quais essa narrativa não aparece no discurso do paciente pós-coma, e outros ainda em que a morte sobrevém antes mesmo de uma retomada da capacidade responsiva por parte deste.

Está-se muito perto, pela evolução dos meios de avaliação do funcionamento cerebral, de se chegar ao ponto de poder avaliar de forma clara e objetiva até que ponto a vida psíquica do paciente em coma está ativa. Não obstante, enquanto esses recursos não estão disponíveis, acredita-se ser bastante adequado considerar que a possibilidade de se mobilizar o paciente por meio de comentários, visitas ou outras formas de estimulação direta pode acarretar tanto reações positivas quanto negativas neste. Esse tipo de cuidado é possível, e caberá à equipe atentar para ele. Assim como caberá especificamente ao psicólogo propiciar ao paciente estímulos positivos, possibilidades de contato com o mundo externo, particularmente com coisas que lhe são significativas (obtém-se esse dado com os familiares) e sobretudo à família, que, devendo ser orientada adequadamente antes da visita, pode e deve participar do trabalho de estimulação. Notam-se aqui alguns dados complementares significativos que aparecem em alguns pacientes por meio da leitura do seu estado clínico geral, como por exemplo: aumento da PA em momentos mais críticos emocionalmente dentro do CTI; alteração da FC quando da visita de familiares ou de comentários inadequados ao lado do paciente; manifestações motoras "automáticas" imediatamente após algum evento mobilizante; e alguns casos até o choro, lágrimas escorrendo do rosto inerte de uma pessoa não tão inconsciente, tampouco insensível ao grande drama que a cerca.

Gostaríamos de falar neste parágrafo usando a primeira pessoa, para colocarmos que tem sido também experiência nossa toda gama de eventos mencionada. Acreditamos, portanto, que considerar a possibilidade de existência de vida psíquica no paciente comatoso, respeitando-o, estimulando-o, estando a seu lado e daqueles que lhe são caros, pode não ser, como muitos ainda acreditam, um gesto vão, uma perda de tempo. Pode talvez representar o elo entre o limbo de incomunicabilidade e a vida de relação e interação. Pode representar também um morrer sentindo-se acolhido e respeitado na sua dignidade de pessoa, no seu antigesto silencioso de adeus aos que ficam...

Atendimento Psicológico no Centro de Terapia Intensiva

Referências Bibliográficas

(1) BIRD, B. *Conversando com o Paciente*. São Paulo: Manole, 1978.

(2) LOPES, O.C. *A Medicina no Tempo*. São Paulo: Melhoramentos, 1970.

(3) *Rev. Alma Ata*, Publ. Org. Panamericana de Saúde, 2º Semestre, 1977.

(4) ROSS, E.K. *Sobre a Morte e o Morrer*. São Paulo: Martins Fontes, 1979.

(5) *Perguntas e Respostas Sobre a Morte e o Morrer*. São Paulo: Martins Fontes, 1981.

(6) AMERICAN PSYCHIATRIC ASSOCIATION. *Manual de Diagnóstico e Estatística de Mente* (DSM-III-R). São Paulo: Manole, 1989.

(7) MACHADO, A. *Neuroanatomia Funcional*. São Paulo: Atheneu, 1974.

(8) MUNIZ, M. *O Tratamento da Angina e do Enfarto*. Rio de Janeiro: Guanabara Koogan, 1977.

(9) JASPERS K. *Psicologia Geral*. São Paulo: Atheneu, 1973.

(10) SELYE, H. *The Story of the Adaptation Syndrome*. Nova York: Grune e Stratoon, 1952.

(11) LEVY, N.B. "Aspectos Psicológicos de Pacientes Sob Hemodiálise no Downstate Medical Center". *In: Clínicas Médicas da América do Norte*. Rio de Janeiro: Interamericana Ltda., 1977.

(12) GARMA, A. "Sobre Factores Del Suicidio". *In*. Vandenberg, *Pequena Psiquiatria*. Buenos Aires: Bilbl. para el Hombre Actual, 1972.

(13) FERREIRA, M.L. *Intercorrências Psicológicas e Psiquiátricas no Hospital Geral* (monografia). São Paulo: Bibl. NÊMETON, 1992.

(14) TOLLE, R. & SCHULTE, E. *Manual de Psicopatologia*. Porto Alegre: Maso, 1981.

(15) BRIDGES, P.K. *Emergências Psiquiátricas*. São Paulo: Manole, 1976.

(16) SPOERRI, T.H. *Compêndio de Psiquiatria*. São Paulo: Atheneu, 1972.

(17) PAIM, I. *Curso de Psicopatologia*. São Paulo: Grijalbo Ltda., 1975.

(18) MACKINNON *et al*. *Avaliação Psiquiátrica na Prática Clínica*. Porto Alegre: Artes Médicas, 1988.

(19) VERNY, T. *A Vida Secreta da Criança Antes de Nascer*. São Paulo: C. J. Salmi, 1989.

(20) KLAUS, N. *O Surpreendente Recém-Nascido*. Porto Alegre: Artes Médicas, 1989.

(21) CUNHA, I. *Treinamento Peri-Natal*. Porto Alegre: Sagra D.C. Luzzatto, 1981.

(22) POPPER, K. & ECCLES, J. *Eu, o Seu Cérebro*. São Paulo: Papirus, 1991.

(23) LURIA, A.R. *Fundamentos de Neuropsicologia*. São Paulo: Edusp, 1984.

(24) BARBIZET, ALLI. *Manual de Neuropsicologia*. São Paulo: Masson, 1985.

(25) BENNET, H. *In Journal of American Anestesiology Association*, EUA., set. 1989.

(26) SACKS, O. *O Homem que Confundiu Sua Mulher com Um Chapéu*. São Paulo: Imago, 1989.

(27) SPITZ, R. *O Primeiro Ano de Vida da Criança*. São Paulo: Martins Fontes, 1979.

(28) SZASZ, T. *Dor e Prazer*. Rio de Janeiro: Zahar, 1976.

Psicologia Hospitalar

Roteiro Complementar de Estudos

ALEXANDER, F. *Medicina Psicossomática*. Porto Alegre: Artes Médicas, 1999.

ANGERAMI, V.A. (org.). *Psicologia Hospitalar*. São Paulo: Traço, 1984.

_____ . *A Psicologia Hospitalar*. São Paulo: Traço, 1988.

_____ . *O Doente, a Psicologia e o Hospital*. São Paulo: Pioneira, 2ª edição, 1994, 1992.

GEOFF, S. *Além do Cérebro*. São Paulo: McGraw-Hill, 1987.

GUTTMANN, G. *Introdução à Neuropsicologia*. São Paulo: Manole, 1977.

KASTENBAUM, R. *et al*. *Psicologia da Morte*. São Paulo: Pioneira/Edusp, 1983.

LAMOSA, B.W.R. (org.). *Psicologia Aplicada à Cardiologia*. São Paulo: Fund. Ed. BYK, 1990.

LEPARGNEUR, H. *O Doente, a Doença, e a Morte*. São Paulo: Papirus, 1987.

OLIVIERI, D. *O Ser Doente*. São Paulo: Cortez, 1984.

PERESTRELO D. *A Medicina da Pessoa*. São Paulo: Atheneu, 1982.

PITA, A. *Hospital: Dor e Morte como Ofício*. São Paulo: Hucitec, 1991.

ROCH, F. *Distúrbios Mentais Pós-Traumáticos*. São Paulo: Liv. C. Humanas Ltda., 1973.

SACKS, O. *Uma Perna para se Apoiar*. São Paulo: Imago, 1989.

SZASZ, T. *Dor e Prazer*. Rio de Janeiro: Zahar, 1976.

Estudos Psicológicos do Puerpério

4

Fernanda Alves Rodrigues Trucharte | Rosa Berger Knijnik

Introdução

O presente capítulo tem como tema central abordar aspectos importantes do período do puerpério, ilustrando, por meio do desenho gráfico de algumas pacientes, sentimentos, emoções e fantasias acerca desse momento de transição.

A escolha do tema deve-se à necessidade de um estudo maior dessa fase de vida partindo de vivências como membros integrantes de um serviço de Ginecologia e Obstetrícia.

É importante considerar que os sentimentos e reflexões a respeito do puerpério devem ser claramente discutidos pela equipe de saúde, pois, às vezes, interferem como dificuldades enfrentadas na nossa rotina.

Também cabe-nos salientar que uma intervenção psicológica neste período visa prevenir a saúde mental e física da mãe e do bebê, com o objetivo de estimular uma ligação mais saudável entre ambos.

Para sua realização, foram utilizados recursos bibliográficos com o objetivo de fundamentá-lo teoricamente enfocando: características emocionais do puerpério, o significado psicológico da amamentação, o nascimento do apego e aspectos da assistência hospitalar no puerpério.

Posteriormente, seguem-se os desenhos gráficos de algumas puérperas, procurando entendê-las dinamicamente quanto ao seu funcionamento, em uma integração entre teoria e prática.

Por fim, há uma conclusão sobre o que foi apresentado, fundamentado e discutido ao longo do trabalho.

Objetivos

O atendimento de puérperas teve como objetivo compreender as emoções, sentimentos, fantasias e temores decorrentes desse período de transição, aliviando as ansiedades presentes.

Visa também estimular uma ligação mais saudável entre mãe e bebê, esclarecendo e informando acerca dos aspectos referentes ao puerpério.

Sobretudo, prevenir a saúde mental de ambos: mãe e bebê.

Metodologia

Este trabalho foi desenvolvido no Serviço de Ginecologia e Obstetrícia do Hospital e Maternidade Pan-americano.

A clientela atendida é constituída de pacientes que possuem convênios particulares como: Amil, Unimed, Blue Life, Interclínicas etc.

Para tanto foram realizadas entrevistas individuais, atendimento em grupo, acompanhamento familiar e orientação sobre manejo das pacientes com equipe médica e de enfermagem.

Ao término de cada atendimento solicitávamos dois desenhos: figura humana e outro desenho que demonstrasse os sentimentos do paciente naquele momento de vida.

Fundamentação Teórica

1. Características Emocionais do Puerpério

Segundo Maldonado (1985), o puerpério, assim como a gravidez, é um período bastante vulnerável à ocorrência de crises, devido às profundas mudanças intra e interpessoais desencadeadas pelo parto.

Kitzinger (apud Maldonado) considera o puerpério como o "quarto trimestre" da gravidez, considerando-o um período de transição que dura aproximadamente três meses após o parto, particularmente acentuado no primeiro filho. Nesse período, a mulher torna-se especialmente sensível, muitas vezes confusa, quando a ansiedade normal e a depressão reativa são extremamente comuns.

Os primeiros dias após o parto são carregados de emoções intensas e variadas. As primeiras 24 horas constituem um período de recuperação do cansaço por causa do parto. A puérpera, em geral, sente-se debilitada e confusa, principalmente quando o parto é feito sob narcose. A labilidade emocional é o padrão mais característico da primeira semana após o parto: a euforia e a depressão alternam-se rapidamente, podendo esta última atingir grande intensidade. Alguns autores consideram que esses sintomas são devidos às mudanças bioquímicas que se processam logo após o parto, tais como aumento da secreção de corticoesteroides e a súbita queda dos níveis hormonais. Supõem também a atuação de outros fatores, tais como as frustrações e monotonia do período de internação e a passagem da situação de espera ansiosa típica do fim da gravidez para a conscientização da nova realidade, que, ao lado da satisfação da maternidade, significa também a responsabilidade de assumir novas tarefas e a limitação de algumas atividades anteriores. Às vezes é difícil determinar a linha divisória entre a normalidade e a patologia no caso da depressão pós-parto. De todo modo, a intensificação ou permanência dos sintomas depressivos algumas semanas pós-parto merecem ser vistas com mais cuidado.

Observamos, neste período (conforme Soifer), estados de confusão na parturiente, ansiedades de esvaziamento e de castração, ou seja, a ambivalência entre o perdido (a gravidez) e o adquirido (o filho).

Um aspecto importante é que, para a mãe, a realidade do feto "in utero" não é a mesma realidade do bebê recém-nascido, e para muitas mulheres é difícil fazer essa transição, especialmente as que apresentam forte dependência infantil em relação à própria mãe ou ao marido. Podem facilmente gostar do filho enquanto ainda está dentro delas e amar uma imagem idealizada do bebê, mas não a realidade do recém-nascido. As observações da autora mostram que isso ocorre principalmente nas mulheres que tendem a acreditar que seu bebê será "diferente" – tranquilo, que chora pouco, dorme à noite desde o início etc. –, negando antecipadamente a realidade de um bebê nas primeiras semanas de vida, diante do qual se sentem frequentemente assustadas e confusas com a responsabilidade dos cuidados maternos.

Kitzinger (apud Maldonado) comenta que, na gravidez, o filho é muitas vezes sentido como parte do corpo da mãe e, por essa razão, o nascimento pode ser vivido como uma amputação. Após o parto, a mulher se dá conta de que o bebê é outra pessoa: torna-se necessário elaborar a perda do bebê da fantasia para entrar em contato com o bebê real. Essa tarefa se torna particularmente penosa no caso de crianças que nascem com problemas graves ou com malformações extensas.

Acredita-se que uma intervenção no puerpério, considerado como crise vital para a mulher, é fator de prevenção para a qualidade da relação mãe x filho e mãe x filho x pai.

Segundo alguns autores, o período de duração do puerpério é variável. No entanto, sabemos que os primeiros seis meses após o parto servem como parâmetro na avaliação da saúde mental da mulher quando da elaboração desta fase.

Alguns hospitais permitem o estabelecimento do sistema de alojamento conjunto "rooming in" – o bebê permanece no quarto com a mãe, que cuida dele e geralmente dispõe da ajuda de enfermeiras. O alojamento conjunto tem a grande vantagem de evitar a separação de mãe e filho em uma época tão crucial para a consolidação do vínculo materno-filial. Portanto, o alojamento conjunto pode ser considerado uma etapa na preparação para a maternidade, ampliando o atendimento obstétrico para o período de pós-parto, com o objetivo de satisfazer as necessidades físicas e emocionais de proximidade e contato entre mãe e filho.

As possíveis consequências benéficas do alojamento conjunto dependerão muito de aspectos da personalidade da mãe.

É importante salientar que o puerpério causa grande impacto no marido, que pode tanto participar ativamente dos cuidados do bebê, dividindo com a mulher a responsabilidade e dando-lhe apoio e encorajamento, ou sentir-se marginalizado, rejeitado na relação mãe-filho: sentimentos que tendem a agravar-se com a abstinência sexual das primeiras semanas e com o maior envolvimento da mulher com o bebê. Em muitos casos, o marido recorre a mecanismos de fuga, mergulhando no trabalho ou em relações extraconjugais.

> *A intensidade das vivências do parto e a regressão da esposa induzem-no também a um estado depressivo e regressivo, embora menos intenso, que se choca com as exigências impostas pelo puerpério da mulher. Por outro lado, sente-se necessidade de apoio e estímulo; encontra-se sozinho em casa, assumiu nova responsabilidade, experimenta um sentimento ante esse desconhecido que é o bebê, agora seu rival definido (Soifer, 1980, p. 70).*

Em caso de mães multíparas, observa-se também um grande impacto do puerpério nos outros filhos. Os sentimentos mais típicos são de ciúme, traição e abandono. Enfrentam também uma situação de crise, com muitas mudanças: a mãe um dia sai de casa e não volta, ausenta-se por alguns dias e ao voltar traz com ela um bebê que passa a solicitar a maior parte de seu tempo e de sua atenção.

São comuns os sintomas regressivos por parte dos outros filhos, tais como: voltar a molhar a cama, querer mamadeira ou chupeta, solicitar atenção e cuidados etc.

Conforme Videla (1973): "Um irmão é a maior riqueza psicológica que os pais podem dar ao filho. Será o caminho que o conduzirá à socialização humana, o modo mais simples onde aprenderá a compartilhar, a receber e dar, a querer e ser querido por alguém de seu mesmo sangue e/ou outro ser semelhante".

Outro fator importante a considerar são as influências culturais, sociais e econômicas relacionadas ao puerpério.

Segundo Helene Deutch (1960), o processo psíquico do puerpério, em seu conjunto, depende naturalmente do ambiente, da situação real de vida, dos costumes dos pais, da família etc.

Por fim, Videla (1973) explica que a mulher não necessita que lhe digamos como o bebê deve ficar no peito, nem quando e nem quanto tempo de cada lado. O que deve acontecer é um método de ensaio e erro por meio desta delicada aprendizagem tanto da criança como da mãe.

2. Consequências de um Mau Puerpério

Destacaremos agora as manifestações da depressão puerperal exacerbada, conhecida comumente como psicose puerperal.

Tal estado caracteriza-se pelo repúdio total ao bebê: a paciente não quer vê-lo, aterroriza-se com ele, permanece triste, afastada, ausente, sofre insônia, inapetência, descuida-se da própria aparência, não se veste, não se banha nem se penteia. Muitas vezes faz referência a alucinações geralmente auditivas ou exprime ideias delirantes. Tal estado pode remitir por si mesmo, ao cabo de alguns dias, semanas ou meses. Na remissão, é muito importante a capacidade dos familiares para tolerar, absorver e modificar a ansiedade que determina o quadro: ansiedade de esvaziamento ou de castração. As ideias delirantes são do tipo paranoide: alguém vem roubar a paciente, matá-la, envenená-la. Também podem apresentar sentimentos de autodepreciação e autocensura com características melancólicas: ela se vê inútil, imprestável, não sabe se poderá criar os filhos etc.

Às vezes, esse quadro é tão intenso que produz alarme na família e se recorre então ao psiquiatra. Entre as manifestações alarmantes podemos mencionar as tentativas de suicídio ou o ataque direto ao bebê. Em geral, antes de chegar à ação, a puérpera comunica suas intenções nesse sentido, pedindo ajuda.

Outra forma de depressão anormal é a maníaca. A puérpera age como se nada tivesse acontecido, mostra-se alegre e não se ocupa do bebê. A partir da segunda ou terceira semana, procura permanecer o mais afastada possível do filho, deixando-o aos cuidados de outra pessoa. A anormalidade se exprime por um estado de tensão permanente, irritabilidade e hiperatividade.

3. O Puerpério e a Amamentação

Após o parto, os pais se defrontam com a percepção das diferenças entre o "bebê imaginário" (gestação) e o "bebê real", com suas características e peculiaridades.

O período do puerpério traz muitas transformações decorrentes do ajustamento a uma realidade nova.

A interação mãe-bebê e o início dessas mamadas logo após o parto nos comprovam a existência de uma sintonia sutil entre a dupla.

Quando existe um entendimento e harmonia entre a mãe e seu filho no momento da amamentação, o leite flui normalmente e vai acontecendo uma regulação entre a sucção da criança e a liberação do leite produzido.

Por outro lado, quando há desarmonia no contato da mamada, surgem várias dificuldades e problemas que bloqueiam a lactação, inibindo a produção e/ou a liberação do leite.

Além de uma falta de sintonia entre boca e mamilo, dificuldades da mãe, da criança, e boicotes familiares, a instituição hospitalar com sua rotina rígida e falta de alojamento conjunto contribuem para maiores problemas nesse período.

Outra questão importante é que o leite é um produto interior do corpo, assim como a menstruação e o gozo sexual. Assim, se predomina uma autoimagem de que o interior do corpo é ruim e seus produtos, contaminados (essa autoimagem é oriunda de vivências relativas à culpa sexual, doenças, infertilidade, abortos etc.), a amamentação pode ser "sabotada" desde o início.

A ligação sexo e amamentação também deve ser considerada, pois há uma dissociação entre maternidade e sexo, tornando difícil esta integração para homens e mulheres; muitos homens se unem ao "não querer amamentar" da mulher, desestimulando-a para a amamentação, ao colocá-la como antagônica ao encontro sexual.

A puérpera "mãe recém-nascida" provoca inveja no homem, familiares e profissionais de saúde com sentimentos contraditórios: pois a "nutriz" detém o poder de acolher vida e nutri-la a partir de seu próprio corpo.

Neste período, a mulher torna-se vulnerável às pessoas e situações que a cercam, e a amamentação fica influenciada por fatores e obstáculos que devem ser analisados.

Por fim, é importante ressaltar que, nas mulheres em que o "não querer" amamentar torna-se uma escolha, a possibilidade de ser boa mãe não se esgota no ato de amamentar, mas, sobretudo, na intimidade e em favorecer o desabrochar de seu filho.

4. O Nascimento de Apego

Muitos autores afirmam que o processo de formação do vínculo mãe-filho inicia-se durante a gravidez.

Em algumas mulheres, os vínculos afetivos com seus bebês se iniciam ou se intensificam ao aparecer os movimentos fetais.

Klaus e Kennell (1978) relatam que esse sentimento de apego começa em um pós-parto imediato, chamando-o período sensível.

Bowlby (1981) salienta que existem condições necessárias para que o apego se dê entre mãe e filho. Entre elas seria a sensibilidade da mãe diante dos sinais do bebê, como também a capacidade do bebê para sentir que suas iniciativas sociais levam à troca afetiva com sua mãe.

Esse autor acredita que ao término do primeiro ano a dupla mãe-bebê já tenha desenvolvido um padrão próprio de interação.

De acordo com estudos realizados nesta área, ocorre nas mães uma dupla identificação: com o feto e com sua própria mãe.

É importante salientar neste sentido que as relações estabelecidas pelas mães em sua família de origem podem influenciar a ligação com seu filho.

Assim como também o desejo de gravidez, a expectativa do sexo do nenê, as fantasias anteriores ao nascimento deste, as frustrações e sentimentos ocorridos neste período têm ligação direta na interação da dupla mãe-bebê.

Dentre os sentimentos que surgem nas mulheres, a tristeza pela separação e perda ocorre em todos os partos com significativa frequência.

Essa sensação de perda ocorre em todas as mulheres depois de qualquer tipo de parto, a consequência do período realmente gratificante em que carrega o bebê dentro de si (Brazelton, 1988, p. 95).

Em todo parto existe um curto período em que sobrevém a sensação de perda e separação de uma parte muito amada do próprio corpo.

Algumas instituições hospitalares sentem que a separação entre a mãe e seu filho é desnecessária e tóxica para ambos.

Segundo Klaus-Kennell (1978), "este vínculo entre mãe e filho é a fonte de onde emanam, depois, todos os vínculos que haverão de ser estabelecidos pela criança e que constituem a relação que se formará durante o curso da criança. Para toda a vida, a força e a qualidade deste laço influi sobre a qualidade de todos os futuros vínculos que serão estabelecidos com outras pessoas".

Com isso é importante concluir que a qualidade da relação entre mãe e filho influencia diretamente o desenvolvimento físico e emocional do bebê, formando a base para um progresso adicional posterior.

5. Aspectos da Assistência Hospitalar no Puerpério

Mesmo antes, na própria gestação, o obstetra não se restringe somente aos exames rotineiros nos atendimentos, mas também em estar atento às necessidades emocionais do paciente.

O obstetra é figura importante com quem a mulher já estabeleceu um vínculo quando a acompanhou no pré-natal, e também e especialmente neste momento do puerpério em que todos dedicam atenção somente ao bebê.

A rotina em um hospital pode ser nociva para a mãe e seu bebê. Uma delas seria de trazer o recém-nascido para a mãe somente 24 horas após o parto, quando vários estudos, entre eles de Klaus e Kennel, demonstram que essa separação interfere negativamente na consolidação do vínculo mãe-bebê, intensificando a depressão pós-parto e prejudicando a amamentação.

Outro fator que nos faz pensar como nocivo seria o berçário, pois implica uma separação mãe-bebê e em uma rotina "artificial", sabotando a amamentação. O bebê, quando toma mamadeira no berçário, chega ao quarto da mãe já sem fome, prejudicando a produção de leite. Faz-se necessária aí a ação tanto do obstetra quanto do pediatra, suspendendo as mamadeiras.

O alojamento conjunto traz muitas vantagens para muitas mulheres. Um maior contato do bebê com seus pais diminui a ansiedade da saída para casa, uma vez que a mãe já sai da maternidade sabendo lidar com seu filho.

O ambiente da maternidade deveria ser mais caseiro do que hospitalar para que a mulher pudesse sentir-se acolhida.

Às vezes, nem tudo ocorre bem, ou seja, quando mãe e filho nem sempre estão em perfeitas condições, instalando-se uma situação crítica de cuidados especiais.

Quando nasce uma criança malformada ou morta, instala-se uma situação de crise na família.

A criança que morre ao nascer em decorrência de acidente (e não da malformação), em geral, suscita profundos sentimentos de perda e depressão – a mulher e a família se prepararam para acolher o bebê, que sequer chega a ir para casa. A mulher sente-se especialmente deprimida quando chega o leite, então sem função. A lactação, em muitos casos, cessa espontaneamente; em outros, torna-se necessário o uso de substâncias inibidoras.

Quando a criança é malformada, especialmente se nasce com deformações visíveis, sua morte traz não só tristeza, mas também alívio, muitas vezes inconfesso e vivido com culpa.

Casos Ilustrativos

Solicitamos desenhos de oito puérperas cujas idades variavam de 19 a 45 anos. Foram pedidos dois desenhos: o primeiro de figura humana e o segundo de como elas estavam se sentindo naquele momento.

A partir desses dados, juntamente com as entrevistas, pudemos traçar algumas características gerais dessas puérperas em um trabalho em que teoria e prática se complementam.

Interpretação dos Desenhos
1. Análise Individual

Desenho 1
Dados de Identificação
Nome: M.E.
Idade: 23 anos
Estado Civil: casada
Nº de filhos: 2º filho
Tipo de parto: normal

Interpretação
O desenho da figura humana apresenta falta de mãos e pés, o que indica uma dificuldade de contato com o mundo.

A falta de base sugere certa insegurança ("sem chão").

O círculo desenhado acima da cabeça pode refletir um "peso" em relação à maternidade: a paciente pode estar amedrontada com a nova situação de vida.

No segundo desenho aparecem pernas e braços quebrados, o que novamente pode indicar certa dificuldade de contato. Sente-se "amputada" para abraçar e crescer.

Ocorre novamente a ausência de base.

Neste mesmo desenho denota-se uma ambiguidade em relação aos sentimentos, ao mesmo tempo em que aparece uma sensação de felicidade. Percebe-se também uma sensação de choro e tristeza.

Além disso, é um desenho infantilizado.

Psicologia Hospitalar

Desenho 2

Dados de Identificação
Nome: S.R.
Idade: 23 anos
Estado Civil: casada
Nº de filhos: 1º filho
Tipo de parto: normal

Interpretação

O desenho da figura humana aparece envolto, protegido, o que pode denotar certa confusão entre ela (mãe) e o bebê. O seu desejo de proteção é marcante.

A face humana não apresenta orelhas, o que pode indicar passividade e dificuldade de contato.

A ausência de braços corrobora esta ideia.

Não aparecem no desenho os membros inferiores e somente parte dos superiores, o que nos mostra um profundo desconhecimento do próprio corpo.

O segundo desenho aparece muito infantilizado.

Não há uma distinção entre casa e telhado, o que pode sugerir a falta de diferenciação entre vida instintiva e vida emocional.

A casa, a árvore e a flor mostram-se "soltas", apesar da tentativa de base, o que pode indicar certa insegurança.

Psicologia Hospitalar

Desenho 3

Dados de Identificação
Nome: C.F.
Idade: 19 anos
Estado Civil: casada
Nº de filhos: 1º filho
Tipo de parto: cesárea

Interpretação
No desenho da figura humana, os olhos apresentam-se fechados, o que pode indicar imaturidade para enfrentar a nova situação de vida.

O nó no pescoço e o cinturão podem sugerir que a paciente sente-se "fechada" para a vida sexual.

Novamente aparece a ausência de base, o que pode indicar certa insegurança.

No segundo desenho aparecem três coqueiros em tamanhos diferentes, que podem ser vistos como a mãe, o pai e a filha recém-nascida. É interessante observar o mesmo traçado em dois dos coqueiros, o que pode demonstrar identificação com o mesmo sexo.

Os cocos podem simbolizar a capacidade de gerar.

O corte vertical que aparece desenhado na folha pode demonstrar que a paciente sente-se fechada para outras coisas; é como se uma determinada fase tivesse acabado e outra prestes a se iniciar.

O sol representa uma figura superegoica.

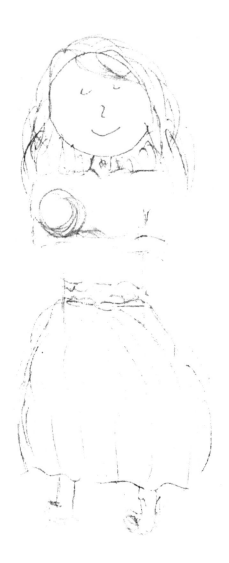

Psicologia Hospitalar

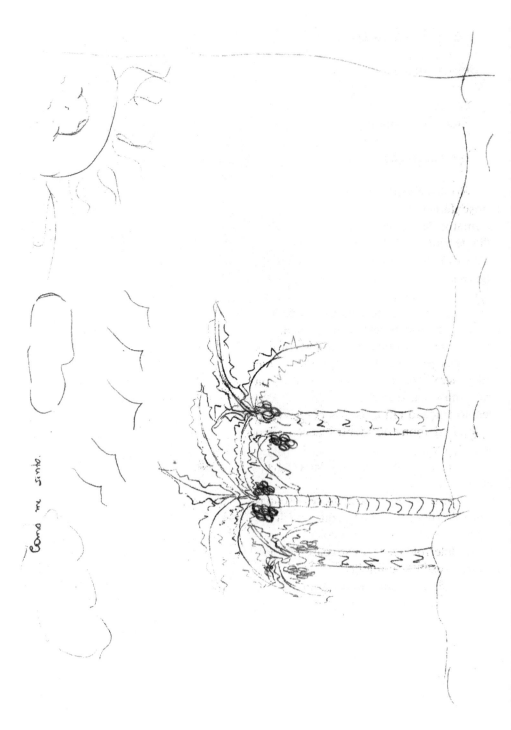

Desenho 4

Dados de Identificação
Nome: A.C.
Idade: 37 anos
Estado Civil: casada
N⁰ de filhos: 3º filho
Tipo de parto: cesárea

Interpretação

Observando o desenho da figura humana, nota-se que o braço direito aparece quebrado e há a ausência de mãos, o que pode sugerir dificuldade de contato e talvez pouca disponibilidade para a maternidade.

No segundo desenho aparecem duas montanhas que podem simbolizar os seios. Também aparece um caminho levemente tortuoso, o que pode representar a chegada desse novo filho e a necessidade de mudanças.

Psicologia Hospitalar

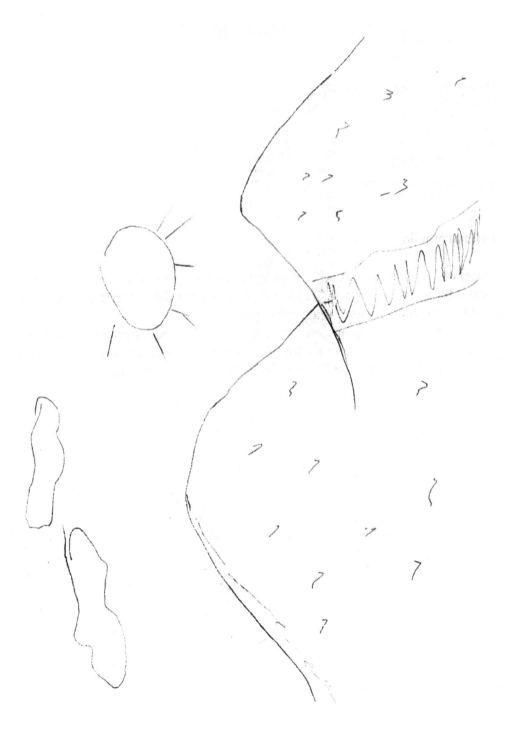

Estudos Psicológicos do Puerpério

Desenho 5
Dados de Identificação
Nome: M.C.
Idade: 24 anos
Estado Civil: casada
Nº de filhos: 1º filho
Tipo de parto: cesárea

Interpretação

A figura humana mostra-se não identificada com a figura feminina, podendo nos indicar que a paciente não se sente identificada com o próprio sexo. Aparece, sim, uma grande identificação com o bebê.

Parece não saber representar simbolicamente seus sentimentos, utilizando-se da escrita para isso.

No segundo desenho aparece também a escrita como uma forma de não simbolização adequada de seus sentimentos.

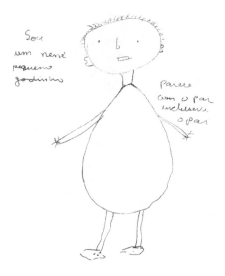

Psicologia Hospitalar

Mi Sinto. muito bem e uma
Painhe no pais dos maravilhas
e acredito que o pãi tanbem

Desenho 6

Dados de Identificação
Nome: M.D.
Idade: 30 anos
Estado Civil: casada
Nº de filhos: 3º filho
Tipo de parto: cesárea e ligadura tubária

Interpretação

No desenho da figura humana aparece nos olhos a ausência de pupila, podendo denotar certa dificuldade interna de visualizar as coisas.

Aparece uma transparência na área genital, o que nos faz pensar em uma dificuldade nesta área, principalmente com a procriação.

Parece uma pessoa sofrida, marcada pela vida. Podemos observar isto pela face da figura humana, bem como pela dureza do desenho.

O desenho aparece sem base, indicando certa insegurança.

No segundo desenho a perspectiva da maternidade é vista como uma castração. Parece que a "alegria" da ligadura tubária está se sobrepondo à situação da maternidade.

Psicologia Hospitalar

CORTARE
os dois

Eu Estou SiN seTiND bem
PORQue não vo teR
MAÍS

Desenho 7

Dados de Identificação
Nome: E.S.
Idade: 45 anos
Estado Civil: separada
Nº de filhos: 6º filho
Tipo de parto: normal

Interpretação

A figura humana aparece bastante comprometida, pois não há uma discriminação entre as pessoas e os animais.

O desenho das pessoas está bastante distorcido e deformado.

Há um enquadramento do desenho, o que pode indicar certa rigidez. Pode-se sugerir também uma vida difícil, um empobrecimento da vida afetiva.

No segundo desenho há uma desproporção entre casa, árvore, ramo de flores e folha. A casa aparece rodeada de objetos bem maiores, o que pode sugerir sensação de medo. A paciente parece viver em um mundo de coisas perigosas.

Os desenhos novamente aparecem enquadrados, o que pode indicar rigidez.

A casa aparece "solta" no ar, o que pode indicar certa insegurança.

Psicologia Hospitalar

Desenho 8
Dados de Identificação
Nome: E.L.
Idade: 25 anos
Estado Civil: casada
Nº de filhos: 3º filho
Tipo de parto: cesárea

Interpretação
A figura humana desenhada é do sexo masculino, o que pode sugerir a falta de identificação com o próprio sexo e quanto a experiência da maternidade pode ser difícil para esta paciente.

O desenho aparece de perfil, o que pode representar certa dificuldade de enfrentar o meio.

Aparece a ausência de base, o que pode indicar certa insegurança diante da nova etapa de vida.

No segundo desenho, aparecem cinco peixes, que podem indicar sua situação familiar atual (ela, o marido e os três filhos).

Este desenho denota certa regressão em função do meio líquido que aparece.

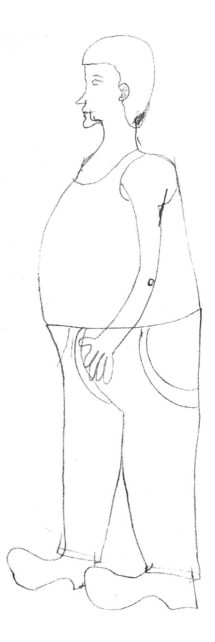

Psicologia Hospitalar

Estudos Psicológicos do Puerpério

Interpretação Geral dos Desenhos Gráficos

Os desenhos estudados denotam uma variedade de sentimentos caracterizados por alegria, dor, confusão e sinais de aparente tristeza. Esses sentimentos podem ser considerados adequados se pensarmos que provêm de pacientes que acabaram de ganhar seus bebês e que, de certa forma, terão de reorganizar suas vidas com a chegada de alguém novo na família.

Como já foi abordado anteriormente, nesse momento surgem dúvidas, necessidade de mudança de papéis, reestruturações pessoais e familiares, que podem estar sendo vividos com certa ambivalência (alegria-tristeza).

Alguns desenhos mostram-se infantilizados e regredidos.

A ausência de base aparece em muitos desenhos, denotando insegurança.

É interessante observar em alguns desenhos o sentido de família simbolizado pelos coqueiros e pelos peixes.

De todos os desenhos de figura humana estudados, apenas em um deles aparece a figura masculina, o que pode demonstrar a não identificação com a figura feminina e quanto a maternidade pode ser uma experiência difícil para esta paciente, pois, quando se desenha a figura humana do sexo feminino, é a comprovação da feminilidade com a maternidade. Para muitas mulheres, isso é uma descoberta, sentem-se mulheres quando são mães.

No desenho 6, a perspectiva da nova maternidade se vê contaminada com o procedimento da laqueadura tubária. A paciente desenhou um útero cortado quando solicitada a desenhar sobre seus sentimentos.

Aparece um comprometimento importante no desenho de figura humana 7, em que as figuras estão bastante distorcidas e desproporcionais, misturando-se com animais.

Denota-se também, nos desenhos 5 e 6, a dificuldade de representar simbolicamente os sentimentos, nos quais as pacientes precisavam da linguagem escrita para expressá-los.

Conclusão

A partir da realização do presente trabalho, concluímos que a presença do psicólogo em uma unidade de Ginecologia e Obstetrícia é de fundamental importância.

Primeiramente porque esta é, para muitas pacientes, a oportunidade única de se expressarem, falarem sobre seus temores, receios, dúvidas, ansiedades, fantasias no período de transição caracterizado pelo puerpério.

Segundo, pensamos que este trabalho pode ser visto como preventivo, ou seja, por uma ligação mais saudável entre mãe e filho, quando se luta por uma maternidade melhor.

Psicologia Hospitalar

Em terceiro lugar, acreditamos que a puérpera sente-se muitas vezes desprotegida e desacompanhada perante uma relação formal com o médico, contribuindo para uma falha da comunicação entre ambos, inibindo-a de expressar claramente suas dúvidas.

É importante salientar que em um hospital geral congregam-se profissionais de diversas especialidades, beneficiando o paciente em um atendimento mais global e eficiente, e contribuindo para uma troca de informações significativa entre psicólogo e outros profissionais. Ao mesmo tempo, uma equipe dissociada prejudica a qualidade do atendimento.

Podem fazer parte desta rotina de atendimento carência de número de profissionais, de equipamentos e medicações, tornando o trabalho do psicólogo limitado.

Por outro lado, em alguns momentos médicos, enfermeiras e pacientes imaginam e veem o psicólogo como "Salvador", "um mágico", capaz de solucionar todos os problemas.

Cabe ao psicólogo desmistificar essa fantasia, mostrando-se também limitado diante de várias situações.

Referências Bibliográficas

BOWLBY, John. *Cuidados Maternos e Saúde Mental.* São Paulo: Martins Fontes, 1981.

BRAZELTON, T. Berry. *O Desenvolvimento do Apego: Uma Família em Formação.* Porto Alegre: Artes Médicas, 1988.

DEUTSCH, Helene. *La Psicologia de la Mujer.* Buenos Aires: Losada S.A., 5. ed., 1960.

MELLO FILHO, Julio de, et al. *Psicossomática Hoje.* Porto Alegre: Artes Médicas, 1992.

KLAUS, Kennell. *La Relation Madre – Hijo.* Buenos Aires: Losada S.A., 5. ed., 1960.

MALDONADO, Maria Teresa. *Comunicação entre Pais e Filhos – A Linguagem do Sentir.* Petrópolis: Vozes, 1988.

_____ . *Psicologia da Gravidez.* Petrópolis: Vozes, 7. ed., 1985.

SOIFER, Raquel. *Psicologia da Gravidez, Parto e Puerpério.* Porto Alegre: Artes Médicas, 1980.

VIDELA, Mirta. *Maternidade, Mito y Realidad.* Buenos Aires: A. Pena Lillo, Editor S.R.L., 1973.

WINNICOTT, D.W. *Os Bebês e suas Mães.* Coleção Psicologia e Pedagogia. São Paulo: Martins Fontes, 1988.

Pacientes Terminais: Um Breve Esboço

5

Valdemar Augusto Angerami
Dedicado a Regina D'Aquino

Introdução

Este trabalho foi publicado em meu primeiro livro.[1] Na medida em que essa publicação se esgotou e sua reedição carece de propósitos mais atualizados, curvei-me à insistência com que muitos colegas, reiteradas vezes, pediram por uma nova edição deste capítulo em publicação específica de Psicologia Hospitalar. E, assim, depois de recusar nova publicação em diversas revistas e anais especializados, ei-lo reescrito e mantido em sua estrutura básica, fator imprescindível para que a essência não fosse alterada, isso sempre segundo a ótica desses colegas.

Este trabalho é apenas uma tentativa de relato sobre uma problemática específica, o paciente terminal, o definhamento corpóreo e suas implicações. Não houve a intenção de criticar os postulados existentes, tampouco de compará-los, assumi-los ou refutá-los; simplesmente houve uma tentativa de questionamento da problemática do definhamento corpóreo.

Assim, tentou-se a elaboração de um trabalho em que as principais proposições e celeumas existentes no seio das discussões teóricas sobre a problemática do paciente terminal fossem arroladas. Resta ainda, por outro lado, a certeza de que muitos dados poderiam ser aprofundados e explorados. Igualmente outros ficaram omissos por não terem sido considerados importantes ou até mesmo necessários para a elaboração deste trabalho.

---

1 - Angerami, V.A. *Existencialismo & Psicoterapia*. São Paulo: Traço, 1984.

Psicologia Hospitalar

Seguramente, muito resta a ser dito e explorado, mas o importante é o questionamento e o despertar de consciência sobre fatos e coisas mitificadas, principalmente pela omissão social e até mesmo acadêmica. É fato, porém, que a partir do trabalho de colegas que se dedicam intermitentemente ao estudo da temática da morte[2], esse quadro está em pleno processo de alteração, havendo cada vez mais lugar para uma compreensão mais humana e digna das questões que envolvem a morte.

A Problemática Social do Paciente Terminal[3]

A) A Sociedade e o Paciente Terminal

Ao debruçarmo-nos sobre a temática dos aspectos terapêuticos inerentes ao paciente terminal, deparamo-nos inicialmente com as implicações existentes na sociedade, bem como com o contexto institucional hospitalar que incide sobre ele. Torres[4] afirma que a morte é, no século XX, o sujeito ausente do discurso. Entretanto, nos últimos 50 anos, o silêncio começa a ser removido nas ciências humanas. Historiadores, antropólogos, biólogos, filósofos, psicólogos, psiquiatras e psicanalistas iniciam com audácia uma luta contra a morte interdita, denunciando as causas que levaram à negação da morte e redescobrindo a importância do tema.[5]

Em uma sociedade na qual a pessoa é espoliada e explorada mercantilmente, a perda da capacidade produtiva fará com que o "desamparo social" seja sentido com mais intensidade. A falta de perspectiva existencial torna-se o primeiro indício de desespero em situações nas quais a perda da capacidade funcional torna-se iminente. O total abandono a que se encontram entregues os inválidos de maneira geral leva o paciente terminal a desesperar-se diante da realidade que se lhe apresenta.

O quadro degenerativo faz de seu portador alguém socialmente alijado da competição aviltante existente em nosso meio social, alguém que irá merecer sentimentos de complacência.

---

2 - Nesse sentido, gostaria de registrar o trabalho pioneiro das colegas Regina D'Aquino e Wilma C. Torres, e mais recentemente de Maria Julia Kovacs e Marisa Decat de Moura. E em que pese o fato de que ao citá-las cometo enorme injustiça com outros tantos profissionais que igualmente trabalham nessa mesma direção, o determinismo, o arrojo e o pioneirismo desses profissionais tornaram a temática da morte presente de maneira indissolúvel nas lides acadêmicas e hospitalares.

3 - Em nosso trabalho estamos fazendo referência ao paciente terminal portador de doença degenerativa.

4 - Torres, C.W. A Redescoberta da Morte. *In: A Psicologia e a Morte,* Torres, C.W., Guedes G.W. e Torres C.R. Rio de Janeiro: Editora da Fundação Getulio Vargas, 1983.

5 - *Ibid. Op. cit.*

Pacientes Terminais: Um Breve Esboço

Dessa maneira, encontraremos pacientes portadores de doenças degenerativas que, mesmo não se encontrando no aspecto terminal de suas vidas, nem apresentando sinais visíveis de definhamento corpóreo, e inclusive não apresentando sinais de comprometimento em seu pragmatismo, não conseguem voltar às atividades anteriores ao surgimento da doença. O próprio hospital é conivente com essa discriminação. Ribeiro[6] coloca que o hospital acaba sendo uma oficina, e o médico, seu principal mecânico. Cumpre a ele fazer com que a máquina homem retorne o mais depressa possível à circulação como mercadoria ambulante. Interessa consertá-la, mas interessa menos evitar que se quebre. Ela tem que ter, como qualquer máquina, um tempo útil, durante o qual produza mais e melhor; todavia, há outros homens-máquina sendo produzidos e que precisam ser consumidos, e é bom, por isso, que ela vá assim aos poucos...[7]

A presença da doença degenerativa faz com que o paciente seja discriminado e até mesmo rejeitado nas situações mais diversas, que podem variar desde situações familiares até situações em que se exercem atividades produtivas. O paciente portador de doença degenerativa, além da debilidade orgânica inerente à própria doença, carrega o fardo de alguém "desacreditado" socialmente, seja em termos de capacidade produtiva, seja em termos da mitificação de que se reveste a problemática da doença. E a instituição hospitalar surge no bojo das contradições sociais de exigir produção como sinônimo do próprio restabelecimento orgânico. Saúde-produção é um binômio invisível, que insere o doente em uma condição de significação apenas e tão somente a partir de sua condição produtiva. Ou ainda, nas palavras de Ribeiro:[8] "O hospital, seja público ou privado, representa a emergência de interesses submersos da produção industrial em saúde. O que aparece, todavia, é o seu resultado mais brilhante e socialmente aceito: o cuidado com o enfermo. Sem embargo, é bom que a recuperação aconteça, mas é melancólico saber que outros tantos adoecidos dos mesmos males e de outros socialmente provocados e evitáveis ocuparão os mesmos leitos, repetindo o suplício de Tântalo, que acaba sendo a função do hospital".

Em uma sociedade que escraviza o homem, valorizando os meios de produção em detrimento dos valores de dignidade humana, a saúde passa a ser algo valorizado apenas quando está em risco a capacidade funcional do indivíduo. Este, como ser biológico e também social, vive essa interação de maneira total e consequentemente sofre em níveis

---

6 - Ribeiro, P. H. *O Hospital: História e Crise*. São Paulo: Cortez, 1993.
7 - *Ibid. Op. cit.*
8 - *Ibid. Op. cit.*

Psicologia Hospitalar

organísmicos todas as contradições da problemática social, da qual faz parte inerente e indissoluvelmente.

Ademais, existe toda uma propulsão social de negação da morte como fenômeno. Essa negação de forma constrita cerceia toda e qualquer tentativa de compreensão das implicações da morte no cotidiano das pessoas. Torres[9] afirma que o moribundo só tem o *status* que lhe é conferido pelo universo hospitalar, isto é, um *status* negativo, o de um homem que, por não poder voltar à normalidade funcional, encontra-se à espera. O moribundo é algo que incomoda. Uma vez que a própria morte é oculta, mascarada, esvaziada, e que sobre ela se fixa o conjunto de valores negativos da sociedade, a agonia não pode ter *status* autônomo. Não pode ser valorizada. É preciso que ela desapareça na patologia, submersa, perdida, irreconhecível.[10]

Também é no paciente terminal que toda sorte de preconceitos, independentemente da patologia que possa acometê-lo, encontra-se enfeixada e direcionada para atitudes que propulsionam muito mais a dor do tratamento em si para aspectos pertinentes a tais preconceitos. Assim, um paciente, ao ser rotulado como aidético, por exemplo, trará sobre si, além de todo o sofrimento de sua debilidade orgânica, uma série de acusações sobre a maneira distorcida como a sociedade concebe sua patologia. O mesmo ocorrerá com o paciente portador de câncer, ou ainda de qualquer outra doença degenerativa. O preconceito faz com que toda e qualquer patologia associada diretamente à ideia de morte seja considerada infectocontagiosa e seus portadores, pessoas que necessitam ser alijadas do convívio social. Evidência disso é a própria denominação das doenças em uma configuração direta com a ideia da destrutividade. O termo câncer, como mera citação, foi associado à doença pela semelhança desta ao caranguejo (no Brasil, quando se pronuncia a palavra câncer, não se associa de imediato à figura do crustáceo, tal qual ocorre na Europa, onde essa definição teve lugar).[11]

Assim, o "câncer" aprisiona sua vítima tal qual o crustáceo que lhe empresta o nome até a morte. Embora o progresso da Medicina seja notório na área de oncologia, havendo inclusive casos em que é possível uma atuação bastante eficaz quando de seu descobrimento precoce, ainda assim é difícil não se ver no "câncer" uma enfermidade imediatamente associada ao espectro da morte. E, da mesma forma como ocorre com outras doenças que igualmente estirpavam e ceifavam muitas vidas humanas – um exemplo disso é a lepra: tão logo passou a ser dominada pela medicina, teve sua designação mudada para hanseníase,

---

9 - *Psicologia e a Morte. Op. cit.*

10 - *Ibid. Op. cit.*

11 - Angerami, V.A. e Meleti, R.M. A Atuação do Psicólogo Junto a Pacientes Mastectomizadas. *In: Psicologia Hospitalar. A Atuação do Psicólogo no Contexto Hospitalar.* São Paulo: Traço, 1984.

inclusive em uma homenagem a Armauer Gehard Hanse, médico que descobriu o bacilo específico que provocava a doença –, o câncer certamente ganhará outra denominação quando for totalmente dominado pela medicina.[12]

O paciente terminal está afrontando todos os preceitos de negação da morte. É como se mostrasse a cada instante que a morte, embora negada de forma irascível pela sociedade, é algo existente e inevitável. Kubler-Ross[13] salienta que a morte é um tema evitado, ignorado por nossa sociedade adoradora da juventude e orientada para o progresso. É quase como se a considerássemos apenas mais uma enfermidade nova a ser debelada. O fato, porém, é que a morte é inegável. Todos nós morreremos um dia; é apenas uma questão de tempo. A morte, na verdade, é tão parte da existência humana, do seu crescimento e desenvolvimento, quanto o nascimento. É uma das poucas coisas na vida de que temos certeza. Ela não é um inimigo a ser conquistado nem uma prisão de onde devemos escapar: é uma parte integral de nossas vidas que realça a existência humana. A morte estabelece um limite em nosso tempo de vida e nos impele a fazer algo produtivo nesse espaço de tempo, enquanto dispusermos dele.[14]

A soma de toda a incongruência social, os conflitos de valores, de esteio da dignidade, fazem com que o paciente terminal seja depositário de uma série de incertezas que irão culminar tornando-o alguém vitimado não apenas por uma determinada patologia em si, mas, e principalmente, por toda uma incompreensão de sua real situação. Humanizar as condições de vida do paciente terminal é, acima de tudo, buscar uma congruência maior em todo o seio da sociedade, harmonizando a vida e a morte de maneira indissolúvel. Somente assim poderemos assegurar aos nossos descendentes a condição de morte e vida dignas. A morte precisa ser vista como um processo no qual a esperança se funde com uma perspectiva existencial sem exclusão de qualquer uma das possibilidades da existência.

O morrer é parte inerente da condição humana e o apoio a alguém que se encontra no leito mortuário é, antes de tudo, o reconhecimento da nossa própria finitude. Da nossa condição de seres mortais e, portanto, passíveis das mesmas vivências e ocorrências do paciente terminal.[15]

---

12 - *Ibid. Op. cit.*

13 - Kubler-Ross, E. *Morte, Estágio Final da Evolução*. Rio de Janeiro: Record, 1975.

14 - *Ibid. Op. cit.*

15 - É como se houvesse uma necessidade premente de a morte deixar de ser temática merecedora de atenção apenas e tão somente de religiosos. É interessante observar-se nesse sentido que a maioria das faculdades de Medicina e Psicologia sequer tem espaço em suas estruturações programáticas para a discussão dessa temática. Assim, esse profissional, ao deixar as lides acadêmicas e ingressar em uma atividade específica na

B) O *Staff* e o Contexto Hospitalar Diante do Paciente Terminal

O paciente terminal é um ser humano que está vivendo um emaranhado de emoções que incluem ansiedade, luta pela sua dignidade e conforto, além de um acentuado temor que se relaciona com seu tempo de vida, limitado, finito. Mauksch[16] afirma que, na sociedade tecnológica moderna, morrer é algo que acontece no hospital. Mas os hospitais são instituições eficientes e despersonalizadas, onde é muito difícil viver com dignidade – não há tempo nem lugar, dentro da rotina, para conviver com as necessidades dos enfermos. Os hospitais são instituições comprometidas com o processo de cura, e os pacientes à morte são uma ameaça a essa função precípua. Os profissionais têm perspectivas e rotinas a cumprir: eles simplesmente nada têm a ver com os doentes e os que estão para morrer. O morrer é uma ameaça às funções desses profissionais e cria sentimentos de impropriedade, incompatíveis com suas funções definidas – de pessoas que efetivamente podem lidar com doenças. Não há lugar nas funções prescritas desses profissionais para que se comportem como seres humanos no atendimento a seus pacientes que se encontram à morte.[17]

Esse paciente vive um momento do qual seus familiares e o *staff* hospitalar também fazem parte. Essa participação muito vai influir no estado desse paciente, determinando inclusive os aspectos de rejeição ou aceitação do tratamento, e até mesmo da própria doença.

Quando um paciente é admitido no hospital, a equipe delineia a chamada "trajetória hospitalar". Essa trajetória se dá por meio de encaminhamentos realizados pelo pronto-socorro ou ainda por intermédio de diagnósticos realizados fora do hospital. Uma vez hospitalizado, o paciente é encaminhado para o setor específico de tratamento, onde, a partir de intervenções necessárias – cirurgias, tratamentos medicamentosos, infiltrações etc. –, são delimitados os itens de sua permanência em um determinado setor.[18] Essa trajetória, de uma forma geral, além do diagnóstico, consiste até mesmo nas expectativas dessa equipe perante esse paciente. As variações dessa trajetória irão influir no comportamento da equipe, havendo sempre a possibilidade do surgimento de inúmeras contradições na interação equipe-paciente. Mauksch[19] ressalta que o paciente deve sentir-se dependente

---

qual a morte surja como possibilidade real, terá de adquirir as condições necessárias para tal abordagem de maneira intuitiva, e muitas vezes sequer tem condições emocionais para tal. É fato que a morte sempre é uma vivência única, pessoal e intransferível, e que os sentimentos diante de sua ocorrência são igualmente peculiares a cada indivíduo, mas a ausência total de uma discussão sistematizada sobre a morte e suas implicações na existência humana é, no mínimo, um total acinte a essas formações acadêmicas.

16 - Mauksch, O.H. O Contexto Organizacional do Morrer. *In: Morte, Estágio Final da Evolução. Op. cit.*

17 - *Ibid. Op. cit.*

18 - Angerami, V.A. *A Psicologia no Hospital.* São Paulo: Traço, 1984.

19 - *O Contexto Organizacional do Morrer. Op. cit.*

Pacientes Terminais: Um Breve Esboço

de seus médicos e enfermeiras, deve sentir que deveria ser grato pelos cuidados que recebe dessas "pessoas maravilhosas".[20]

A interação equipe-paciente gira também em torno de incessantes conflitos entre a luta do paciente agonizante e a equipe do hospital desejosa de designar certos papéis ao paciente, que envolvem inclusive sua completa despersonalização e isolamento. O paciente é marginalizado, passando a carregar o estigma de moribundo, alguém desprovido de sentido existencial. Deixa de ser uma pessoa e passa a ser um leito a mais no hospital. Sua existência ganha significação na doença e o todo existencial passa a ser apenas e tão somente a doença e suas implicações.[21]

É evidente que as reações do paciente a essa despersonalização e isolamento irão variar muito, dependendo de cada história, ficando difícil para o *staff* hospitalar lidar com essas diferenças. E é consenso, inclusive, no meio hospitalar, que o paciente considerado "adequado" é aquele que aceita de modo inquestionável o tratamento e as normas impostas pela equipe hospitalar. Aquele outro paciente, que se rebela contra o tratamento e, muitas vezes, inclusive, aceita até mesmo a ideia de resignar-se e a morte de maneira plena, traz sobre si toda a ira da instituição hospitalar.

O *staff* hospitalar acredita que, não oferecendo a cura ao paciente, não poderá lhe oferecer nada mais. Teme que o paciente ou a família venham a pensar na hipótese de fracasso. A instituição hospitalar existe para curar, não admitindo nada que transcenda esses princípios. A medicina é definida como a arte de manter acesa a chama da vida, tornando-se inadmissível aceitar o contato com algo tão terrível e que ponha em risco esses princípios.

O *staff* hospitalar, revestido desses princípios, vê-se então na responsabilidade de cuidar do paciente e de sua doença de maneira infalível. O cuidar do paciente provocará tensão nesse profissional na medida em que não tenha lidado ou elaborado seus sentimentos de onipotência, que na maioria das vezes não são manifestos, embora sejam determinantes da maioria dos procedimentos assumidos por esses profissionais.

Quando isso ocorre, esse profissional tenta proteger-se contra o risco da falha profissional – a morte. Assim, não será dada a menor importância para aquilo que o paciente demonstra: medo, fantasias e ansiedades em relação ao seu tempo de vida. Esse profissional reagirá defensivamente a esses sentimentos presentes na relação: a certeza latente de não

---

20 - *Ibid. Op. cit.*
21 - O conceito de despersonalização é mais bem abordado no capítulo 1, "O Psicólogo no Hospital".

Psicologia Hospitalar

poder salvar a vida do paciente. O cuidar do paciente constantemente ou mesmo a presença deste será um prenúncio da impotência desse profissional, o que, seguramente, poderá provocar desejos nebulosos e pouco precisos de que o paciente morra, findando assim a longa agonia desse relacionamento. Mauksch[22] afirma que o paciente hospitalizado também procura descobrir quais são as recompensas e as punições para o comportamento no hospital. Entretanto, é mais difícil para o paciente descobrir isso porque as regras não são claras, variam as definições e não existe comunidade informal de pacientes. Esse clima de dependência ante o pessoal da instituição esgota no paciente o senso de individualidade e de valor humano. Em tal ambiente é possível apresentar um de meus órgãos para conserto, porém é muito mais difícil encarar o fato de que estou morrendo.[23]

Por outro lado, quando o paciente deseja morrer, não suportando mais fisicamente, esse profissional inconformado intensifica o tratamento e irrita-se quando ele se recusa a alguma mudança terapêutica, pois essa recusa significa, de maneira muito clara, que o paciente está apenas e tão somente manifestando o desejo de rendição, o que em última instância significa desejar o "alívio de morrer". Kubler-Ross[24] coloca que esses pacientes representam um fracasso da instituição no seu papel de apoio à vida, e não há nada nesse sistema que supra a carência do espírito humano quando o corpo necessita de cuidados.[25]

De outra forma, assume o papel de esclarecedor, informando o paciente sobre o que realmente está acontecendo, não no sentido de dar-lhe o diagnóstico da doença,[26] mas esclarecendo dados sobre a internação hospitalar, bem como o estigma que envolve esses aspectos, e o que é mais importante, deixa de ver no paciente uma enfermidade que está pondo em risco sua eficácia profissional.

Muitas vezes o paciente em sofrimento desalentador está necessitando de apoio existencial, palavra, conforto, enfim, de sentir-se uma pessoa com significação existencial pró-

---

22 - 0 *Contexto Organizacional do Morrer. Op. cit.*

23 - *Ibid. Op. cit.*

24 - *Morte, Estágio Final da Evolução. Op. cit.*

25 - *Ibid. Op. cit.*

26 - Cremos errada a atitude médica, comumente empregada, de negar a informação ao paciente sobre seu próprio sintoma e elegendo a família como tendo condições emocionais para receber essa informação. Tal prática, comum no meio médico, reflete a falta de uma atitude criteriosa sobre as condições emocionais do paciente. Se um dado paciente, por exemplo, não possui condições emocionais para receber o impacto de uma informação sobre o diagnóstico de um possível câncer, nada pode nos assegurar que os familiares possuem tal condição. Essa atitude médica revela, em última instância, uma postura em que o profissional recusa-se ao enfrentamento das condições emocionais do paciente diante do diagnóstico. Torna-se, assim, cômodo deixar para os familiares esta responsabilidade em que pese, na maioria das vezes, a fusão dos sentimentos emocionais sobre este diagnóstico. *A Psicologia no Hospital. Op. cit.*

pria. Em alguns casos essa necessidade sobrepõe-se inclusive à necessidade da terapêutica medicamentosa.

É necessário que cada profissional envolvido nessa problemática tome consciência de sua atuação com esse tipo de paciente, pois de nada adiantará uma real sensibilidade na comunidade da verdadeira e desoladora problemática da doença degenerativa, se no ambiente hospitalar esse paciente continuar a sofrer toda a intensidade da rejeição social de que se reveste a problemática.[27] A temática da morte precisa ser incluída no referencial das questões existenciais. Ou ainda nas palavras de Kubler-Ross:[28] "morrer é parte integral da vida, tão natural e previsível como nascer. Mas enquanto o nascimento é motivo de comemoração, a morte transforma-se em um terrível e inexprimível assunto a ser evitado de todas as maneiras na sociedade moderna. Talvez porque ela nos relembra nossa vulnerabilidade humana, apesar de todos os avanços tecnológicos. Podemos retardá-la, mas não podemos escapar dela".

Alguns Dados Relacionados com a Vivência do Paciente Terminal

O psicólogo habituado a trabalhar aspectos e esquemas corporais certamente domina o limiar da verbalização, tendo como cerne de sua atuação o expressionismo gestual, capaz de exprimir toda e qualquer espécie de sentimentos. Por outro lado, ao enfatizarmos a comunicação não verbal, estamos abertos em uma dimensão muito mais intensa aos mais variados sentimentos, que, na maioria das vezes, não são passíveis de verbalização. Muitos sentimentos são inefáveis, e, portanto, comunicados apenas e tão somente pelo expressionismo corporal.

Na relação terapêutica com o paciente terminal, o contato e a dimensão do expressionismo corporal existem, inclusive, não apenas como opção de atuação, mas também como alternativa ao definhamento corpóreo progressivo do paciente, que muitas vezes, inclusive, o impede de manifestar-se verbalmente. Dessa maneira, vamos encontrar alguns pacientes que, em certos momentos, em consequência do definhamento corpóreo em que se encontram, além da dor e do torpor provocado pelo tratamento medicamentoso a que são submetidos, não conseguem expressar-se de outra forma a não ser pelo afagar

---

27 - É importante ressaltar-se que, ao se fazer referência à comunidade como abrangência de toda uma reflexão sobre a realidade do paciente terminal, estamos fazendo referência à totalidade do tecido social, aí incluindo-se desde aqueles segmentos mais distantes da problemática em si, até aqueles que diretamente lidam com a temática.

28 - *Morte, Estágio Final da Evolução. Op. cit.*

Psicologia Hospitalar

de mãos, ou pela comunicação estabelecida pelo olhar. O olhar angustiado e suplicante de um paciente terminal possui a imensidão da dor e do desespero presentes no existir humano. Mesmo em situações nas quais o paciente consegue expressar-se verbalmente, o relato sempre vem acompanhado de um forte expressionismo corporal. Como ilustração, temos o caso de N.G.L., casado, 36 anos, em estado bastante avançado de definhamento corpóreo. N.G.L., após referir-se a situações de sua vida, relata: "... era preferível morrer a ter que viver de forma tão degradante, absurda. As pessoas não me olham, minha mulher repete a cada instante que eu estou podre e que precisa tratar da documentação do inventário. Até meus filhos, que são a razão do meu viver, agora me evitam; eu acho que, além de tudo, ainda devem sentir vergonha do estado do pai... é horrível, seria melhor morrer e acabar logo com isso tudo.... eu não aguento mais (sic)". Em seguida, chora um choro compulsivo, totalmente incontrolado. Ao manifestar-se nesse comovente depoimento, N.G.L. mostra gestos de desespero, apertando as mãos de tal forma que parece ter a intenção de destruí-las. Concomitantemente, leva as mãos até o rosto, procurando esconder-se, parecendo evitar todo e qualquer contato, lembrando através de seus gestos a rejeição dos filhos e da mulher.

Por outro lado, a vivência com o paciente terminal possui sempre presente o espectro da morte, ainda que ele não manifeste verbalmente essa presença. O próprio definhamento corpóreo é um indício marcante e verdadeiro da morte eminentemente presente na relação, o que, por si só, estabelece uma vibração energética no sentido físico do termo, e que transcende o limiar da razão e, portanto, da não razão, e que caracterizará a própria relação.

Existem casos em que a relação inicia-se desde a internação do paciente no hospital, quando esse ainda não apresenta sinais visíveis de comprometimento orgânico. Nesses casos, é possível perceber todo o processo corpóreo, suas implicações e consequências. Existe durante esse processo a certeza de que toda a relação que termina leva consigo um pedaço muito grande da vida das pessoas envolvidas nessa relação. Assim, e levando-se em conta que a relação certamente terminará com a morte de uma das pessoas envolvidas nela, a proximidade do morrer é sentida de forma muito intensa, como se fosse algo que deixasse um leve aroma no espaço e que fosse perceptível apenas na vivência do envolvimento dessa relação; algo indescritível pela razão, algo sentido apenas na vivência e na emoção exaladas dessa relação. O exaurir da morte traz à tona o processo, bem como todas as fases pelas quais tal processo se desenvolveu, mostrando a irreversibilidade do tempo e do espaço nas coisas que se deixaram por fazer, ou que foram preteridas ou postergadas para outro momento. As razões do existir e a própria razão sofrem constantes revisões, transcendendo muitas vezes até o limiar da existência.

Pacientes Terminais: Um Breve Esboço

O olhar, dentre as formas de expressionismos dos sentimentos, é, seguramente, a mais abrangente em termos de dimensionamento absoluto, ainda que tenha em si a presença da própria subjetividade humana. Um olhar de dor mostra o sofrimento de uma maneira que as palavras sequer podem conceber. Um olhar de desejo desnuda muito além de qualquer outra forma de insinuação. Um olhar meigo transmite uma doçura perceptível e inegável. Um olhar de ódio fulmina mais que o punhal mais cortante.

A vivência com o paciente terminal traz muito presente o olhar, seja talvez por ser o mais puro dos expressionismos, seja ainda por conseguir transmitir os verdadeiros sentimentos daquele momento desesperador. E diante dessa manifestação do olhar, é como se outras formas de expressionismo perdessem o sentido e até mesmo sua condição na essência humana. Exemplo dessa citação é o caso de M.C.C., 64 anos, comprometida por metástase óssea, o que a deixava totalmente transtornada não apenas pela dor como pela condição de imobilismo. Depois de vários atendimentos, e por causa de seu definhamento progressivo, M.C.C. praticamente não se expressava verbalmente. Assim, o atendimento era totalmente direcionado para outra forma de expressão. Durante esse período, tão logo a cumprimentava em seu leito, colocava minha mão direita sobre a sua mão esquerda, gesto que fazia com que M.C.C. respondesse imediatamente colocando sua mão direita sobre a minha. E assim ficávamos algum tempo: suas mãos segurando minha mão direita e o olhar transmitindo todo o desespero de quem tentava de todas as maneiras continuar vivendo ou ainda libertar-se daquela situação de sofrimento. Em nosso último encontro estava novamente com a minha mão direita entre suas mãos quando percebi um brilho em seu olhar até então desconhecido. Olhei fixamente para esse olhar tentando decifrar o significado daquele estranho brilho. E assim passaram-se alguns segundos, instante eterno d'alma. Em seguida coloquei a minha mão esquerda junto daquelas mãos. E então constatei: M.C.C. havia morrido naquela fração de segundos. A minha mão esquerda constatou que a vibração energética das outras mãos se misturava com o ardor da morte. Aquele brilho estranho em seu olhar era o brilho da morte. M.C.C. morreu segurando minha mão tentando agarrar-se à vida. Mostrou no brilho do olhar as luzes do morrer. Tentou em vão suplicar por mais alguns instantes de vida. Morreu e seu olhar transmitiu toda a imensidão do momento.

A relação com o paciente terminal tem de ser entendida e abordada de forma própria, além das implicações inerentes ao fato de o atendimento ser realizado ao lado do leito, na "cama mortuária" do paciente, ou seja, no lugar onde o paciente se vê definhando, onde sofre a intensidade da dor causada pela doença. Temos ainda outras variáveis que incidem sobre o paciente, como o cuidado medicamentoso, a dor progressiva que aniquila toda e qualquer resistência orgânica, bem como as implicações emocionais do definhamento

Psicologia Hospitalar

corpóreo. E a relação deve ainda ser entendida como específica à realidade na qual se encontra inserida, não podendo ser transportada para outros parâmetros que não aqueles que determinam essa forma de atuação.

A vivência com o paciente terminal exige do terapeuta que este tenha muito claro e de forma assumida determinados questionamentos e valores em relação à morte e ao ato de morrer, o que não significa dizer que esse profissional tenha de ser totalmente insensível à morte. Esse tipo de exigência, guardadas as devidas proporções, seria como impor que um ginecologista não mais tenha sensibilidade diante da genitália feminina, ou então que a existência humana em contato direto com a morte não chore um choro profundo e doloroso quando coisas se vão e deixam de existir na forma e na essência humanas. O existir humano é único e finito, e como tal deve ser vivenciado e sentido. A dimensão do infinito e do irreal torna-se muitas vezes inatingível diante dos aspectos absurdamente reais trazidos pelo sofrimento do definhamento corpóreo.

Por outro lado, naqueles casos em que o paciente manifesta o desejo de morrer, iremos encontrar nuances tão específicas nas quais o expressionismo se mistura às contradições inerentes ao processo em si.

É muito difícil, em termos gerais, a aceitação da ideia de que muitas vezes se necessita morrer, da mesma forma que em outros momentos necessitamos dormir, repousar. Nesse caso, o profissional se aflige com a ideia de não poder competir com a corrida invencível do tempo, tendo como fracasso tangível a impossibilidade de cura do paciente, pois, de forma geral, possui o sentimento de não estar efetivando os princípios da medicina que envolvem a preservação da vida. Como ilustração, cito o caso de F.A.L., 16 anos, e também acometido de metástase óssea. Os nossos encontros iniciais se deram quando F.A.L. ainda estava hospitalizado em São Paulo. E após várias tentativas de tratamento – incluindo desde cirurgias previamente marcadas e posteriormente desmarcadas devido a especificidade do caso até tratamento medicamentoso e radioterápico –, era possível perceber que F.A.L. não tinha mais disposição para continuar resistindo às intempéries da doença. Ele negligenciava todas as alternativas de tratamento que dependiam de sua colaboração. Mostrava-se exaurido de tanto sofrimento, fosse pela doença em si, fosse ainda pela dor que o consumia. E apesar de todos os esforços da equipe de saúde em demovê-lo dessa atitude, os resultados eram praticamente nulos.

O seu definhamento era perceptível e aumentava com a mesma intensidade que a dor que o dominava. Sua maior reivindicação passou a ser voltar para Mariana, sua cidade, e ali permanecer com sua família. Queria descanso, trégua de todo aquele aparato tecnológico que apenas trazia desconforto e que efetivamente não aliviava a dor e o sofrimento

Pacientes Terminais: Um Breve Esboço

que experienciava. A equipe de saúde como um todo mostrava-se indignada diante do depoimento de F.A.L., praticamente considerado em uníssono como absurdo. Aquele depoimento representava o total desprezo pelos avanços da medicina e uma total entrega ao descanso da morte. A sua tenra idade deixava a todos muito mais perplexos, como se a aceitação da morte fosse pertinente aos mais velhos. Muitas reuniões e discussão de caso entre a equipe apenas demonstravam com uma clareza cada vez mais nítida que F.A.L. recusava-se a continuar cercado de todo aquele aparato sem ter, no entanto, a proximidade da família. F.A.L. recusava-se a continuar aquele corolário de sofrimentos e mostrava-se indignado diante da recusa da equipe de saúde em aceitar o seu desejo. Os nossos contatos estreitaram-se e serviam cada vez com mais intensidade para que ele mostrasse quanto desejava obter o direito de morrer ao lado de seus familiares, "naquele pedacinho de canto do interior de Minas Gerais (sic)". Era difícil para ele aceitar qualquer contraponto que não fosse a sua transferência para perto da família. Argumentava, inclusive, sobre as dificuldades da mãe em visitá-lo, tanto pela distância em si como pelo custo financeiro de tais viagens. F.A.L. tocava violão antes da hospitalização e esse detalhe fez com que o nosso relacionamento se estreitasse ainda mais, em virtude também da minha intensa ligação com a música. Vários de nossos encontros foram permeados apenas e tão somente pela música. Ele a contar quanto queria ter estudado música de maneira mais profunda, e eu a contar dos tempos em que minha atividade principal era de musicista envolvido em concertos e recitais. Estabelecemos um vínculo muito forte, no qual, além da compreensão de seu desejo de morrer, tínhamos também a música como ponto de união e afinidade.

A equipe de saúde, depois de muitas discussões, finalmente resolveu liberar F.A.L. para que ele voltasse para junto de seus familiares em Mariana. Foram tomadas todas as providências – desde ambulâncias para locomoção até detalhamento dos cuidados para que a prescrição medicamentosa fosse seguida – para que F.A.L. pudesse então voltar para o seu canto cercado dos cuidados mínimos necessários para sua nova fase de vida. Após essa decisão, era impressionante o sentimento de fracasso estampado na face de todos os membros da equipe de saúde. Em cada narrativa, em cada gesto, em cada explicação, enfim, em qualquer detalhamento em que o caso era exposto, o primeiro que se evidenciava era a sensação de fracasso pela deliberação de F.A.L.

No último encontro que tivemos em São Paulo, F.A.L. chorou muito ao relatar a alegria de poder voltar para o seu canto. Nessa ocasião, eu disse a ele que em algumas semanas estaria em Ouro Preto, cidade próxima à dele, para realizar um trabalho com um grupo de colegas de Belo Horizonte. Disse ainda que na terceira noite de minha estada naquela cidade realizaria um recital de música para o grupo, além de alguns convidados. F.A.L.

Psicologia Hospitalar

entusiasmou-se de imediato e perguntou se ele também poderia assistir a esse recital. Diante da minha anuência ele ficou muito feliz e exultante, chamando-me a atenção o cuidado que teve para situar-se espacialmente em relação ao lugar onde faríamos o nosso retiro profissional. E embora fosse um lugar de difícil acesso, situado nas cercanias de Ouro Preto, foi-lhe fácil o entendimento tanto pelo interesse demonstrado como pelo conhecimento que tinha da região.

Despedimo-nos e a sensação primeira que me invadiu era que aquele encontro talvez fosse a última vez que nos víamos. A dor da despedida estrangulava no peito, esquecendo todas as circunstâncias que determinavam o seu afastamento.

Na sequência fui para Ouro Preto, como estava previsto. E na noite do recital, noite fria, com o luar envolvendo a cidade de forma magistral, enquanto conversava com alguns amigos nos minutos que precediam o início da música, fui avisado de que havia um grupo de pessoas querendo me dirigir a palavra. Quando fui ao encontro desse grupo deparei com F.A.L. e seus familiares. Uma cena emocionante: os familiares providenciaram uma cadeira de rodas para transportá-lo, pois em que pese a distância das duas cidades ser pequena, o seu estado de saúde inspirava bastante cuidado. Mas lá estava ele envolvido em um cobertor de lã xadrez, como que a mostrar que, apesar de todas as dificuldades, lá estava ele ansioso para me ver e me ouvir. Não houve como conter as lágrimas, era muito prazeroso vê-lo novamente. Em seguida ele se acomodou na sala onde se realizou o recital e ali permaneceu até o fim, ora aplaudindo, ora sorrindo, ora compenetrando-se na profunda introspecção da música. Terminada a audição, F.A.L. agradeceu de modo comovente pela "alegria e paz (sic)", e pediu-me que fosse visitá-lo em sua casa antes de retornar a São Paulo. E assim ocorreu. Na tarde do dia seguinte estávamos novamente juntos, agora em sua casa. E ele pediu então que eu tocasse uma peça de que havia gostado muito. Incontáveis vezes repeti aquela peça. Em dado momento ele falou que aquela música era maravilhosa, repousante, ideal como acalanto para "dormir e até mesmo morrer em paz (sic)". Era dilacerante ouvir aquele depoimento de busca de alívio na morte, sensação que se tornava ainda mais cáustica diante da constatação de que o depoente, embora adolescente na idade, ainda mantinha no coração a pureza e a inocência de uma criança. Era mais uma vez a presença da dificuldade de aceitação do "alívio da morte", era a constatação de que aceitá-lo no desejo de morrer era algo inconcebível, mesmo para pessoas que teoricamente até aceitavam tal posicionamento. Mas ele era bastante determinado e ressaltava após cada execução que aquela música era acalanto para se morrer em paz. No início da noite voltei a Ouro Preto, depois de uma comovente despedida. E após o jantar fiquei isolado do grupo de colegas que se divertia muito, a festejar a última noite em que estávamos reunidos naquele espaço. Suas algazarras e alegrias demonstravam que naquele momento nada mais queriam da vida a não ser uma felicidade igual à sua vida. Eu, no entanto, estava isolado, sentado na varanda. E naquela noite fria olhava para o céu estrelado com o luar estampando a delicadeza da Natureza em esplendor. Naquela noite não consegui dormir com tranquilidade. Uma turbulência interior muito grande prejudicou-me o sono. A imagem de F.A.L. era presença constante no meu imaginário. No início da manhã, com os primeiros raios de Sol colorindo a madrugada, fui a Belo Horizonte, onde apanharia o avião que me traria a São Paulo. No aeroporto, uma força imperiosa me fez ligar para obter notícias de F.A.L. E o familiar que me atendeu ao telefone, aos prantos, narrou que naquela noite ele dormiu como fazia habitualmente, mas havia amanhecido morto. Havia morrido em paz, talvez ainda sob o som daquela sua melodia. Custo a crer que esse caso seja real. Tenho a sensação de que se trata de uma criação da minha alma em um momento de psicotização com a própria realidade. A mim me parece, muitas vezes, impossível ter vivido esse enredo de fatos e acontecimentos. O que me traz ainda um pouco para a realidade é poder executar essa peça musical e me lembrar de F.A.L., definindo-a como acalanto para se morrer em paz.

O sentimento de abandono que experimentamos quando morre um paciente que atendemos é desolador. E somado ao fato de estarmos alquebrados com a dor da perda em si, temos ainda uma família que aguarda ansiosa por alguma forma de conforto e amparo. E a sensação que muitas vezes me invade é a de que o paciente, após a morte, é quem passa a cuidar de nós, com as coisas deixadas e ensinadas durante o período de convivência.

O contato com o paciente terminal questiona, de maneira profunda e crucial, muitos valores da essência humana. Tudo passa a ser questionado por outra ótica, e muitas coisas tidas como verdadeiras e absolutas passam a ser consideradas sem a menor importância; e outros fenômenos, tidos como muito pouco significativos, tornam-se verdadeiramente significativos, ocupando de forma globalizante o sentido existencial, de tal forma que se transformam na essência e no sentido da própria vida. O mais significativo nessa vivência é a constatação de que o paciente terminal nos ensina uma nova forma de vida, uma nova maneira de encarar as vicissitudes que permeiam a existência, uma forma de vivência mais autêntica, na qual os valores decididamente sejam preservados em detrimento de aspectos meramente aparentes, que, na maioria das vezes, permeiam as relações interpessoais.

A vida ganha novo significado ao se perceber a amplitude da importância de cada segundo, de cada encontro, do Sol rompendo a neblina em uma manhã de outono, da florada do ipê-roxo e da suinã no inverno, da emoção do amor contida em um beijo e em um afagar de mãos.

É como se tivéssemos de conviver estreitamente com a morte para ressignificar a própria vida, para ressignificar cada detalhe da existência. A morte torna-se um processo

Psicologia Hospitalar

vital, determinante de um encontro com a plenitude, com a transcendência do amor e do transbordar da paixão de simplesmente viver. Simplesmente sorrir diante do encantamento; sorrir diante do belo. De simplesmente chorar quando a emoção assim o determinar; chorar diante da dor ou ainda diante de situações de alegria. De simplesmente saber que a vida é uma emoção contínua e que transborda prazer de forma intermitente.

É necessário um novo sentimento de ardor para se sorver o deleite de paz propiciado por essa nova maneira de apreensão da realidade. Por essa nova maneira de vivência na qual o sorriso de uma criança será mais importante que o amealhar de fortunas; uma noite de tranquilidade estreitando-se nos braços um corpo querido e amado terá significado incalculável e imensurável; a doçura de uma noite de verão seja a concretude da existência. E o brilho de um doce e meigo olhar seja a razão de toda a eternidade.

Referências Bibliográficas

ANGERAMI, V.A. *Existencialismo & Psicoterapia*. São Paulo: Traço, 1984.

_____. (org.) *Psicologia Hospitalar. A Atuação do Psicólogo no Contexto Hospitalar*. São Paulo: Traço, 1984.

_____. *A Psicologia no Hospital*. São Paulo: Traço, 1988.

KUBLER-ROSS, E. *Morte, Estágio Final da Evolução*. Rio de Janeiro: Record, 1975.

RIBEIRO, H.P. *O Hospital: História e Crise*. São Paulo: Cortez, 1993.

TORRES, C.W.; GUEDES, G.W.; TORRES, C.R. *A Psicologia e a Morte*. Rio de Janeiro: Fundação Getulio Vargas, 1983.

Outras Obras Sobre o Tema

Valdemar Augusto Angerami – Camon (Org.)
E a Psicologia Entrou no Hospital...
Este livro mostra o trabalho do psicólogo no hospital, buscando a humanização do paciente e a compreensão dos aspectos emocionais, presentes no processo de adoecer. É uma das mais brilhantes descrições de como a Psicologia se inseriu no contexto hospitalar. Esta obra está na vanguarda das temáticas contemporâneas, apresentando uma das mais notáveis *performances* da Psicologia.

Valdemar Augusto Angerami – Camon (Org.),
Heloisa Benevides de Carvalho Chiattone & Edela Aparecida Nicoletti
O Doente, a Psicologia e o Hospital
3ª edição atualizada
Trata-se de obra indispensável a todos que direta ou indiretamente trabalham na área da saúde. Nela, os autores escrevem sobre o trabalho que desenvolvem em hospitais da cidade de São Paulo, levando, desse modo, a uma reflexão pormenorizada sobre a ocorrência de algumas patologias e suas implicações emocionais.
As temáticas apresentadas – AIDS, câncer, violência contra a mulher e a criança, alcoolismo e urgência em pronto-socorro – são acrescidas de uma retomada das consequências e sequelas emocionais que derivam não apenas de sua ocorrência como também de sua perspectiva de tratamento.

Valdemar Augusto Angerami – Camon (Org.)
Novos Rumos na Psicologia da Saúde
A psicologia da saúde é o novo caminho de todos os que buscam instrumentalizar sua prática profissional na área de Saúde Mental. Este livro traz novos rumos no campo da Psicologia da Saúde, apresentando o que existe de vanguarda na área. Profissionais de todas as áreas da saúde terão nesta obra um instrumento seguro de consulta para nortear sua prática nesse campo. Obra indispensável a todos que, de alguma maneira, se interessam pelos avanços e conquistas efetivados pela nova força da saúde mental: a Psicologia da Saúde.

Valdemar Augusto Angerami – Camon (Org.)
Psicossomática e a Psicologia da Dor – 2ª edição revista e atualizada
Dirigida a estudantes, professores e profissionais do setor de saúde, a obra reúne sete textos, de vários autores, que enfocam os diversos aspectos do processo de somatização. O objetivo é auxiliar o leitor a compreender os problemas que podem ser apresentados pelos pacientes que sofrem de dor crônica e suas sequelas emocionais. Os artigos são de José Carlos Riechelmann, Elizabeth Ranier Martins do Valle, Marilda Oliveira Coelho, Erika Nazaré Sasdelli, Eunice Moreira Fernandes Miranda, Gildo Angelotti, Roseli Lopes da Rocha, com organização do professor Camon.

Valdemar Augusto Angerami – Camon (Org.)
Psicologia da Saúde – 2ª edição revista e ampliada
Um Novo Significado para a Prática Clínica
Dirigido a estudantes dos cursos de graduação e pós-graduação em psicologia clínica e aos profissionais da área, o livro reúne seis textos que buscam sistematizar uma nova forma de compreensão da prática clínica na área da saúde.
Os autores são profissionais do setor de Psicologia da Saúde que tentam criar uma configuração teórica em relação à maneira de abordar a doença e o doente hoje.